窓ぎわのトットちゃん

黒柳徹子／作　いわさきちひろ／絵

講談社 青い鳥文庫

この本を、亡き、小林 宗作先生にささげます。

もくじ

●これは、第二次世界大戦が終わる、ちょっと前まで、実際に東京にあった小学校と、そこに、ほんとうに通っていた女の子のことを書いたお話です。

はじめての駅

自由が丘の駅で、大井町線から降りると、ママは、トットちゃんの手をひっぱって、改札口を出ようとした。トットちゃんは、それまで、あまり電車に乗ったことがなかったから、大切にぎっていた切符をあげちゃうのは、もったいないなと思った。そこで、改札口のおじさんに、

「この切符、もらっちゃいけない？」

と聞いた。おじさんは、

「ダメだよ。」

というと、トットちゃんの手から、切符を取りあげた。トットちゃんは、改札口の箱にいっぱいたまっている切符をさして聞いた。

「これ、ぜんぶ、おじさんの？」

おじさんは、ほかの出て行く人の切符をひったくりながら答えた。

「おじさんのじゃないよ、駅のだから。」

「へーえ……。」

トットちゃんは、未練がましく、箱をのぞきこみながらいった。

「わたし、大人になったら、切符を売る人になろうと思うわ。」

おじさんは、はじめて、トットちゃんをチラリと見て、いった。

「うちの男の子も、駅で働きたいって、いってるから、いっしょにやるといいよ。」

トットちゃんは、すこし離れて、おじさんを見た。おじさんはふとっていて、眼鏡をかけていて、よく見ると、やさしそうなところもあった。

「ふん……。」

トットちゃんは、手を腰にあてて、観察しながらいった。

「おじさんとこの子と、いっしょにやってもいいけど、考えとくわ。わたし、これから新しい学校に行くんで、いそがしいから。」

そういうと、トットちゃんは、待ってるママのところに走っていった。そして、こう叫んだ。

「わたし、切符屋さんになろうと思うんだ！」

ママは、おどろきもしないで、いった。

「でも、スパイになるっていってたのは、どうするの？」

トットちゃんは、ママに手をとられて歩き出しながら、考えた。（そうだわ。きのうまでは、絶対にスパイになろう、って決めてたのに。でも、いまの切符をいっぱい箱にしまっておく人になるのも、とても、いいと思うわ。）

「そうだ!!」

トットちゃんは、いいことを思いついて、ママの顔をのぞきながら、大声をはりあげていった。

「ねえ、ほんとうはスパイなんだけど、切符屋さんなのは、どう？」

ママは答えなかった。ほんとうのことをいうと、ママはとても不安だったのだ。もし、これから行く小学校で、トットちゃんのことを、あずかってくれなかったら……。小さい花のついた、フェルトの帽子をかぶっている、ママのきれいな顔が、すこしまじめになった。そして、道をとびはねながら、なにかを早口でしゃべってるトットちゃんを見た。トットちゃんは、ママの心配を知らなかったから、顔があうと、うれしそうに笑っていった。

「ねえ、わたし、やっぱり、どっちもやめて、チンドン屋さんになる!!」

ママは、多少、絶望的な気分でいった。

「さあ、おくれるわ。校長先生が待ってらっしゃるんだから。もう、おしゃべりしないで、前をむいて、歩いてちょうだい。」

二人の目の前に、小さい学校の門が見えてきた。

窓ぎわのトットちゃん

新しい学校の門をくぐる前に、トットちゃんのママが、なぜ不安なのかを説明すると、それはトットちゃんが、小学校一年なのにかかわらず、すでに学校を退学になったからだった。一年生で!!

つい先週のことだった。ママはトットちゃんの担任の先生に呼ばれて、はっきり、こういわれた。

「おたくのお嬢さんがいると、クラスじゅうの迷惑になります。よその学校にお連れください！」

若くて美しい女の先生は、ため息をつきながら、くり返した。

「ほんとうにこまってるんです！」

ママはびっくりした。（いったい、どんなことを……。クラスじゅうの迷惑になる、どんなことを、あの子がするんだろうか……。）

先生は、カールしたまつ毛をパチパチさせ、パーマのかかった短い内巻きの毛を手でなでながら説明にとりかかった。

「まず、授業中に、机のフタを、百ぺんくらい、開けたり閉めたりするんです。そこで私が、『用事がないのに、開けたり閉めたりしてはいけません。』と申しますと、おたくのお嬢さんは、ノートから、筆箱、教科書、ぜんぶを机の中にしまってしまって、ひとつひとつ取り出すんです。たとえば、書き取りをするとしますね。するとお嬢さんは、まずフタを開けて、ノートを取り出した、と思うが早いか、パタン！　とフタを閉めてしまいます。そして、すぐにまた開けて頭を中につっこんで筆箱から〝ア〟を書くための鉛筆を出すと、いそいで閉めて、〝ア〟を書きます。ところが、うまく書けなかったり、まちがえたりしますね。そうすると、フタを開けて、また頭をつっこんで、消しゴムを出し、閉めると、いそいで消しゴムを使い、つぎに、すごい早さで開けて、消しゴムをしまって、フタを閉めてしまいます。で、すぐ、また開けるので見てますと、〝ア〟ひとつだけ書いて、道具をひとつひとつ、ぜんぶしまうんです。鉛筆をしまい、閉めて、また開けてノートをしまい……というふうに。そして、つぎの〝イ〟のときに、また、ノートから始まって、鉛筆、消しゴム……そのたびに、私の目の前で、目まぐるしく、机のフタが開いたり閉まったり。私、目がまわるんです。でも、一応、用事があるんですから、『いけない。』とは申せませんけど……。」

先生のまつ毛が、そのときを思い出したように、パチパチと早くなった。

そこまで聞いて、ママには、トットちゃんが、なんで、学校の机を、そんなに開けたり閉めたりするのか、ちょっとわかった。というのは、はじめて学校に行って帰ってきた日に、トットちゃんが、ひどく興奮して、こうママに報告したことを思い出したからだった。

『ねえ、学校って、すごいの。家の机の引き出しは、こんなふうに、ひっぱるのだけど、学校のはフタが上にあがるの。ごみ箱のフタと同じなんだけど、もっとツルツルで、いろ

ちひろ

んなものが、しまえて、とってもいいんだ！』

ママには、今まで見たことのない机の前で、トットちゃんがおもしろがって、開けたり閉めたりしてるようすが目に見えるようだった。そして、それは、（そんなに悪いことではないし、だいいち、だんだんなれてくれば、そんなに開けたり閉めたりしなくなるだろう。）と考えたけど、先生には、

「よく注意しますから。」

といった。

ところが、先生は、それまでの調子より声をもうすこし高くして、こういった。

「それだけなら、よろしいんですけど！」

ママは、すこし身がちぢむような気がした。先生は、体をすこし前にのり出すといった。

「机で音をたててないな、と思うと、今度は、授業中、立ってるんです。ずーっと！」

ママは、またびっくりしたので聞いた。

「立ってるって、どこにでございましょうか？」

先生はすこし怒ったふうにいった。

「教室の窓のところです！」

ママは、わけがわからないので、続けて質問した。

「窓のところで、なにをしてるんでしょうか？」

先生は、半分、叫ぶような声でいった。

「チンドン屋を呼びこむためです!!」


先生の話を、まとめてみると、こういうことになるらしかった。

一時間目に、机のパタパタを、かなりやると、それ以後は、机を離れて、窓のところに立って外を見ている。そこで、静かにしていてくれるのなら、立っててもいい、と先生が思ったやさきに突然、トットちゃんは、大きい声で、「チンドン屋さーん。」と外にむかって叫んだ。だいたい、この教室の窓というのが、トットちゃんにとっては幸福なことに、先生にとっては不幸なことに、一階にあり、しかも通りは目の前だった。そして境といえば、低い、いけ垣があるだけだったから、トットちゃんは、かんたんに、通りを歩いてる人と、話ができるわけだったのだ。さて、通りかかったチンドン屋さんは、呼ばれたから教室の下までくる。するとトットちゃんは、うれしそうに、クラスじゅうのみんなに呼びかけた。「きたわよ——。」勉強してたクラスじゅうの子どもは、全員、その声で窓のところに、つめかけて、口々に叫ぶ。「チンドン屋さーん。」すると、トットちゃんは、チンドン屋さんにたのむ。

「ねえ、ちょっとだけ、やってみて？」

学校のそばを通るときは、音をおさえめにしているチンドン屋さんも、せっかくのたのみだからというので盛大に始める。クラリネットや鉦やタイコや、三味線で。その間、先生がどうしてるか、といえば、一段落つくまで、ひとり教壇で、じーっと待ってるしかない。（この一曲が終わるまでの辛抱なんだから。）と自分にいいきかせながら。

さて、一曲終わると、チンドン屋さんは去って行き、生徒たちは、それぞれの席にもどる。ところが、おどろいたことに、トットちゃんは、窓のところから動かない。「どうして、まだ、そこにいるのですか？」という先生の問いに、トットちゃんは、大まじめに答えた。

「だって、またちがうチンドン屋さんがきたら、お話しなきゃならないし。それから、さっきのチンドン屋さんが、また、もどってきたら、たいへんだからです。」

「これじゃ、授業にならない、ということが、おわかりでしょう？」

話してるうちに、先生は、かなり感情的になってきて、ママにいった。ママは、（なるほど、これでは先生も、おこまりだわ。）と思いかけた。とたん、先生は、またいちだんと大きな声で、こういった。

「それに……。」

ママはびっくりしながらも、なさけない思いで先生に聞いた。

「まだ、あるんでございましょうか……。」

先生は、すぐいった。

「〝まだ〟というように、数えられるくらいなら、こうやって、やめていただきたい、とお願いはいたしません!!」

それから先生は、すこし息をしずめて、ママの顔を見ていった。

「きのうのことですが、例によって、窓のところに立っているので、またチンドン屋だと思って授業をしておりましたら、これが、また大きな声で、いきなり、『なにしてるの？』

と、だれかに、なにかを聞いているんですね。相手は、私のほうから見えませんので、だれだろう、と思っておりますと、また大きな声で、『ねえ、なにしてるの?』って。それも、今度は、通りにでなく、上のほうにむかって聞いてるんです。私も気になりまして、相手の返事が聞こえるかしら、と耳をすましてみましたが、返事がないんです。お嬢さんは、それでも、さかんに、『ねえ、なにしてるの?』を続けるので、授業にもさしさわりがあるので、窓のところに行って、お嬢さんの話しかけてる相手がだれなのか、見てみようと思いました。窓から顔を出して上を見ましたら、なんと、つばめが、教室の屋根の下に、巣を作っているんです。その、つばめに聞いてるんですね。そりゃ私も、子どもの気持ちが、わからないわけじゃありませんから、つばめに聞いてることを、ばかげている、とは申しません。でも、授業中に、あんな声で、つばめに、『なにをしてるのか?』と聞かなくてもいいと、私は思うんです。」

そして先生は、ママが、いったいなんとおわびをしよう、と口を開きかけたのより早くいった。

「それから、こういうことも、ございました。はじめての図画の時間のことですが、国旗をかいてごらんなさい、と私が申しましたら、ほかの子は、画用紙に、ちゃんと日の丸をかいたんですが、おたくのお嬢さんは、朝日新聞の模様のような、軍艦旗をかき始めました。それなら、それでいい、と思ってましたら、突然、旗のまわりに、ふさを、つけ始めたんです。ふさ。よく青年団とか、そういった旗についてます、あの、ふさです。で、それも、まあ、どこかで見たのだろうから、と思っておりました。ところが、ちょっと目を離したスキに、まあ、黄色のふさを、机にまで、どんどんかいちゃってるんです。だいたい画用紙に、ほぼいっぱいに旗をかいたんですから、ふさの余裕は、もともと、あまりなかったんですが、それに、黄色のクレヨンで、ゴシゴシふさをかいたんですね。それが、はみ出しちゃって、画用紙をどかしたら、机に、ひどい黄色のギザギザが残ってしまって、ふいても、こすっても、とれません。まあ、幸いなことは、ギザギザが三方向だけだった、ってことでしょうか？」

ママは、ちぢこまりながらも、いそいで質問した。

「三方向っていうのは……。」

先生は、そろそろ疲れてきた、というようすだったが、それでも親切にいった。

「旗ざおを左はじにかきましたから、旗のギザギザは、三方だけだったんでございます。」

ママは、すこし助かった、と思って、

「はあ、それで三方だけ……。」

といった。すると、先生は、つぎに、とっても、ゆっくりの口調で、ひとことずつ区切って、いった。

「ただし、そのかわり、旗ざおのはじが、やはり、机に、はみ出して、残っております!!」

それから先生は立ちあがると、かなり冷たい感じで、とどめをさすようにいった。

「それと、迷惑しているのは、私だけではございません。隣の一年生の受け持ちの先生もおこまりのことが、あるそうですから……。」

ママは、決心しないわけには、いかなかった。(たしかに、これじゃ、ほかの生徒さんに、ご迷惑すぎる。どこか、ほかの学校をさがして、移したほうが、よさそうだ。なんとか、あの子の性格がわかっていただけて、みんなといっしょにやっていくことを教えてくださるような学校に……。)

そうして、ママが、あっちこっち、かけずりまわって見つけたのが、これから行こうとしている学校、というわけだったのだ。

ママは、この退学のことを、トットちゃんに話していなかった。話しても、なにがいけなかったのか、わからないだろうし、また、そんなことで、トットちゃんが、コンプレックスを持つのも、よくないと思ったから、（いつか、大きくなったら、話しましょう。）と、きめていた。ただ、トットちゃんには、こういった。

「新しい学校に行ってみない？　いい学校だって話よ。」

トットちゃんは、すこし考えてから、いった。

「行くけど……。」

ママは、（この子は、いまなにを考えてるのだろうか。）と思った。（うすうす、退学のこと、気がついていたんだろうか……。）

つぎの瞬間、トットちゃんは、ママの腕の中に、とびこんできて、いった。

「ねえ、今度の学校に、いいチンドン屋さん、くるかな？」

とにかく、そんなわけで、トットちゃんとママは、新しい学校にむかって、歩いているのだった。

新しい学校

学校の門が、はっきり見えるところまできて、トットちゃんは、立ち止まった。なぜなら、この間まで行っていた学校の門は、りっぱなコンクリートみたいな柱で、学校の名前も、大きく書いてあった。ところが、この新しい学校の門ときたら、低い木で、しかも葉っぱが生えていた。

「地面から生えてる門ね。」

と、トットちゃんはママにいった。そうして、こう、つけ加えた。

「きっと、どんどん生えて、いまに電信柱より高くなるわ。」

たしかに、その二本の門は、根っこのある木だった。トットちゃんは、門に近づくと、いきなり顔を、ななめにした。なぜかといえば、門にぶらさげてある学校の名前を書いた札が、風に吹かれたのか、ななめになっていたからだった。

「トモエがくえん。」

トットちゃんは、顔をななめにしたまま、表札を読みあげた。そして、ママに、

「トモエって、なあに？」

と聞こうとしたときだった。トットちゃんの目のはしに、夢としか思えないものが見えたのだった。トットちゃんは、身をかがめると、門の植えこみの、すき間に頭をつっこんで、門の中をのぞいてみた。どうしよう、見えたんだけど！

「ママ！　あれ、ほんとうの電車？　校庭に並んでるの。」

それは、走っていない、ほんとうの電車が六台、教室用に、置かれてあるのだった。

トットちゃんは、夢のように思った。〝電車の教室……〟。

電車の窓が、朝の光をうけて、キラキラと光っていた。目を輝かして、のぞいているトットちゃんの、ほっぺたも、光っていた。

気に入ったわ

つぎの瞬間、トットちゃんは、「わーい。」と歓声をあげると、電車の教室のほうにむ

かって走り出した。そして、走りながら、ママにむかって叫んだ。

「ねえ、早く、動かない電車に乗ってみよう!」

ママは、おどろいて走り出した。もとバスケットボールの選手だったママの足は、トットちゃんより速かったから、トットちゃんが、あと、ちょっとでドア、というときに、スカートをつかまえられてしまった。ママは、スカートのはしを、ぎっちりにぎったまま、トットちゃんにいった。

「だめよ。この電車は、この学校のお教室なんだし、あなたは、まだ、この学校に入れていただいてないんだから。もし、どうしても、この電車に乗りたいんだったら、これからお目にかかる校長先生とちゃんと、お話してちょうだい。そして、うまくいったら、この学校に通えるんだから。わかった?」

トットちゃんは、(いま乗れないのは、とても残念なことだ。)と思ったけど、ママのいう通りにしようと決めたから、大きな声で、

「うん。」

といって、それから、いそいで、つけたした。

「わたし、この学校、とっても気に入ったわ。」

ママは、トットちゃんが気に入ったかどうかより、校長先生が、トットちゃんを気に入ってくださるかどうかが問題なのよ、といいたい気がしたけど、とにかく、トットちゃんのスカートから手を離し、手をつないで校長室のほうに歩き出した。

どの電車も静かで、ちょっと前に、一時間目の授業が始まったようだった。あまり広くない校庭のまわりには、へいのかわりに、いろんな種類の木が植わっていて、花壇には、赤や黄色の花がいっぱい咲いていた。

校長室は、電車ではなく、ちょうど、門から正面に見える扇形に広がった七段くらいある石の階段を上った、その右手にあった。

トットちゃんは、ママの手をふりきると、階段をかけ上って行ったが、急に止まって、ふりむいた。だから、うしろから行ったママは、もうすこしで、トットちゃんと正面衝突するところだった。

「どうしたの？」

ママは、トットちゃんの気がかわったのかと思って、いそいで聞いた。トットちゃんは、ちょうど階段のいちばん上に立った形だったけど、まじめな顔をして、小声でママに聞いた。

「ねえ、これからあいに行く人って、駅の人なんじゃないの？」

ママは、かなり辛抱づよい人間だったから……というか、おもしろがりやだったから、やはり小声になって、トットちゃんに顔をつけて、聞いた。

「どうして？」

トットちゃんは、ますます声をひそめていった。

「だってさ、校長先生って、ママいったけど、こんなに電車、いっぱい持ってるんだから、ほんとうは、駅の人なんじゃないの？」

たしかに、電車の払い下げを校舎にしている学校なんてめずらしいから、トットちゃんの疑問も、もっとものこと、とママも思ったけど、この際、説明してるヒマはないので、こういった。

「じゃ、あなた、校長先生にうかがってごらんなさい、自分で。それと、あなたのパパのことを考えてみて？　パパはヴァイオリンを弾く人で、いくつかヴァイオリンを持ってるけど、ヴァイオリン屋さんじゃないでしょう？　そういう人もいるのよ。」

トットちゃんは、「そうか。」というと、ママと手をつないだ。

校長先生

トットちゃんとママが入っていくと、部屋の中にいた男の人がいすから立ち上がった。

その人は、頭の毛が薄くなっていて、前のほうの歯がぬけていて、顔の血色がよく、背はあまり高くないけど、肩や腕が、がっちりしていて、ヨレヨレの黒の三つぞろいを、キチンと着ていた。

トットちゃんは、いそいで、おじぎをしてから、元気よく聞いた。

「校長先生か、駅の人か、どっち？」

ママが、あわてて説明しよう、とする前に、その人は、笑いながら答えた。

「校長先生だよ。」

トットちゃんは、とってもうれしそうにいった。

「よかった。じゃ、おねがい。わたし、この学校に入りたいの。」

校長先生は、いすをトットちゃんにすすめると、ママのほうをむいていった。

「じゃ、ぼくは、これからトットちゃんと話がありますから、もう、お帰りくださってけっこうです。」

ほんのちょっとの間、トットちゃんは、すこし心細い気がしたけど、なんとなく、（この校長先生とならいいや。）と思った。ママは、いさぎよく先生にいった。

「じゃ、よろしく、お願いします。」

そして、ドアを閉めて出ていった。

校長先生は、トットちゃんの前にいすをひっぱってきて、とても近い位置に、むかい合わせに腰をかけると、こういった。

「さあ、なんでも、先生に話してごらん。話したいこと、ぜんぶ。」

「話したいこと!?」

（なにか聞かれて、お返事するのかな？）と思っていたトットちゃんは、「なんでも話していい。」と聞いて、ものすごくうれしくなって、すぐ話し始めた。順序も、話しかたも、

すこしグチャグチャだったけど、一生懸命に話した。

いま乗ってきた電車が速かったこと。

駅の改札口のおじさんに、お願いしたけど、切符をくれなかったこと。

前に行ってた学校の受け持ちの女の先生は、顔がきれいだということ。

その学校には、つばめの巣があること。

家には、ロッキーという茶色の犬がいて〝お手〟と〝ごめんくださいませ〟と、ごはんのあとで、〝満足、満足〟ができること。

幼稚園のとき、ハサミを口の中に入れて、チョキチョキやると、「舌を切ります。」と先生が怒ったけど、何回もやっちゃったっていうこと。

はなが出てきたときは、いつまでも、ズルズルやってると、ママにしかられるから、なるべく早くかむこと。

パパは、海で泳ぐのが上手で、飛び込みだってできること。

こういったことを、つぎからつぎと、トットちゃんは話した。先生は、笑ったり、うなずいたり、「それから?」とかいったりしてくださったから、うれしくて、トットちゃんは、いつまでも話した。でも、とうとう、話がなくなった。トットちゃんが、口をつぐんで考えていると、先生はいった。

「もう、ないかい？」

トットちゃんは、これでおしまいにしてしまうのは、残念だと思った。

せっかく、話を、いっぱい聞いてもらう、いいチャンスなのに。

（なにか、話は、ないかなあ……。）

頭の中が、いそがしく動いた。と思ったら、「よかった！」。話が見つかった。

それは、その日、トットちゃんが着てる洋服のことだった。たいがいの洋服は、ママが手製で作ってくれるのだけれど、今日のは、買ったものだった。というのも、なにしろトットちゃんが夕方、外から帰ってきたとき、どの洋服もビリビリで、ときには、ジャキジャキのときもあったし、どうしてそうなるのか、ママにも絶対わからないのだけれど、白い木綿でゴム入りのパンツまで、ビリビリになっているのだから。トットちゃんの話によると、よその家の庭をつっきって垣根をもぐったり、原っぱの鉄条網の間をくぐるとき、「こんなになっちゃうんだ。」ということなのだけれど、とにかく、そんなぐあいで、けっきょく、今朝、家を出るとき、ママの手製の、しゃれたのは、どれもビリビリで、しかたなく、前に買ったのを着てきたのだった。それはワンピースで、エンジとグレーの細かいチェックで、布地はジャージーだから、悪くはないけど、衿にしてある、花の刺繍の、赤い色が、ママは、「趣味が悪い。」といっていた。そのことを、トットちゃんは、思い出したのだった。だから、いそいでいすから降りると、衿を手で持ち上げて、先生のそばに行き、こういった。

「この衿ね、ママ、嫌いなんだって！」

それをいってしまったら、どう考えてみても、ほんとうに、話は、もうなくなった。トットちゃんは、（すこし悲しい。）と思った。トットちゃんが、そう思ったとき、先生が立ち上がった。そして、トットちゃんの頭に、大きくて暖かい手を置くと、

「じゃ、これで、君は、この学校の生徒だよ。」

そういった。……そのとき、トットちゃんは、なんだか、生まれて初めて、ほんとうに好きな人にあったような気がした。だって、生まれてから今日まで、こんな長い時間、自

分の話を聞いてくれた人は、いなかったんだもの。そして、その長い時間のあいだ、一度だって、あくびをしたり、退屈そうにしないで、トットちゃんが話してるのと同じように、身をのり出して、一生懸命、聞いてくれたんだもの。

トットちゃんは、このとき、まだ時計が読めなかったんだけど、それでも長い時間、と思ったくらいなんだから、もし読めたら、ビックリしたにちがいない。そして、もっと先生に感謝したにちがいない。というのは、トットちゃんとママが学校に着いたのが八時で、校長室でぜんぶの話が終わって、トットちゃんが、この学校の生徒になった、と決まったとき、先生が懐中時計を見て、「ああ、お弁当の時間だな。」といったから、つまり、たっぷり四時間、先生は、トットちゃんの話を聞いてくれたことになるのだった。

あとにも先にも、トットちゃんの話を、こんなにちゃんと聞いてくれた大人は、いなかった。

それにしても、まだ小学校一年生になったばかりのトットちゃんが、四時間も、ひとりでしゃべるぶんの話があったことは、ママや、前の学校の先生が聞いたら、きっと、びっくりするにちがいないことだった。

このとき、トットちゃんは、まだ退学のことはもちろん、まわりの大人が、手こずってることも、気がついていなかったし、もともと性格も陽気で、忘れっぽいタチだったから、無邪気に見えた。でも、トットちゃんの中のどこかに、なんとなく、疎外感のような、ほかの子どもとちがって、ひとりだけ、ちょっと、冷たい目で見られているようなものを、おぼろげには感じていた。それが、この校長先生といると、安心で、暖かくて、気持ちがよかった。

（この人となら、ずーっといっしょにいてもいい。）

これが、校長先生、小林宗作氏に、初めてあった日、トットちゃんが感じた、感想だった。そして、ありがたいことに、校長先生も、トットちゃんと、同じ感想を、そのとき、持っていたのだった。

お弁当

トットちゃんは、校長先生に連れられて、みんなが、お弁当を食べるところを、見に行くことになった。お昼だけは、電車でなく、「みんな、講堂に集まることになっている。」と校長先生が教えてくれた。講堂は、さっきトットちゃんが上ってきた石の階段の、つきあたりにあった。行ってみると、生徒たちが、大さわぎをしながら、机といすを、講堂に、まーるく輪になるように、並べているところだった。隅っこで、それを見ていたトットちゃんは、校長先生の上着をひっぱって聞いた。

「ほかの生徒は、どこにいるの？」

校長先生は答えた。

「これでぜんぶなんだよ。」

「ぜんぶ!?」

トットちゃんは、信じられない気がした。だって、前の学校の一クラスと同じくらいしか、いないんだもの。そうすると、

「学校じゅうで、五十人くらいなの？」

校長先生は、「そうだ。」といった。トットちゃんは、なにもかも、前の学校とちがってると思った。

みんなが着席すると、校長先生は、

「みんな、海のものと、山のもの、持ってきたかい？」

と聞いた。

「はーい。」

みんな、それぞれの、お弁当の、ふたを取った。

「どれどれ。」

校長先生は、机でできた円の中に入ると、ひとりずつ、お弁当をのぞきながら、歩いている。生徒たちは、笑ったり、キイキイいったり、にぎやかだった。

「海のものと、山のもの、って、なんだろう。」

トットちゃんは、おかしくなった。でも、とっても、とっても、この学校は変わっていて、おもしろそう。お弁当の時間が、こんなに、愉快で、楽しいなんて、知らなかった。トットちゃんは、あしたからは、自分も、あの机にすわって、『海のものと、山のもの』のお弁当を、校長先生に見てもらうんだ、と思うと、もう、うれしさと、楽しみで、胸がいっぱいになり、叫びそうになった。

お弁当を、のぞきこんでる校長先生の肩に、お昼の光が、やわらかく止まっていた。

今日から学校に行く

きのう、「今日から、君は、もう、この学校の生徒だよ。」そう校長先生にいわれたトットちゃんにとって、こんなにつぎの日が待ち遠しい、ってことは、今までになかった。だから、いつもなら朝、ママがたたき起こしても、まだベッドの上でボンヤリしてることの多いトットちゃんが、この日ばかりは、だれからも起こされない前に、もうソックスまではいて、ランドセルを背負って、みんなの起きるのを待っていた。

この家の中で、いちばん、きちんと時間を守るシェパードのロッキーは、トットちゃんの、いつもとちがう行動に、けげんそうな目をむけながら、それでも、大きくのびをすると、トットちゃんにぴったりとくっついて、（なにか始まるらしい）ことを期待した。

ママはたいへんだった。大いそがしで、『海のものと山のもの』のお弁当を作り、トットちゃんに朝ご飯を食べさせ、毛糸で編んだひもを通した、セルロイドの定期入れを、

トットちゃんの首にかけた。これは定期を、なくさないためだった。パパは、

「いい子でね。」

と、頭をモシャモシャにしたままいった。

「もちろん！」

と、トットちゃんはいうと、玄関でくつをはき、戸をあけると、クルリと家の中をむき、ていねいにおじぎをして、こういった。

「みなさま、行ってまいります。」

見送りに立っていたママは、ちょっと涙が出そうになった。それは、こんなに生き生きとしておぎょうぎよく、すなおで、楽しそうにしてるトットちゃんが、つい、このあいだ、「退学になった」ということを思い出したからだった。（新しい学校で、うまくいくといい……。）ママは心からそう祈った。

ところが、つぎの瞬間、ママは、とび上がるほどおどろいた。というのは、トットちゃんが、せっかくママが首からかけた定期を、ロッキーの首にかけているのを見たからだった。ママは、（いったいどうなるのだろう？）と思ったけど、だまって、なりゆきを見る

ことにした。トットちゃんは、定期をロッキーの首にかけると、しゃがんで、ロッキーに、こういった。

「いい？　この定期のひもは、あんたには、合わないのよ。」

たしかに、ロッキーにはひもが長く、定期は地面をひきずっていた。

「わかった？　これはわたしの定期で、あんたのじゃないから、あんたは電車に乗れないの。校長先生に聞いてみるけど、駅の人にも。で、『いい。』っていったら、あんたも学校にこられるんだけど、どうかなあ。」

ロッキーは、途中までは、耳をピンと立てて神妙に聞いていたけど、説明の終わりのところで、定期を、ちょっとなめてみて、それから、あくびをした。それでも、トットちゃんは、一生懸命に話し続けた。

「電車の教室は、動かないから、お教室では、定期はいらないと思うんだ。とにかく、今日は待ってるのよ。」

たしかにロッキーは、いままで、歩いて通う学校の門まで、毎日、トットちゃんといっしょに行って、あとは、ひとりで家に帰ってきていたから、今日も、そのつもりでいた。

トットちゃんは、定期をロッキーの首からはずすと、たいせつそうに自分の首にかけると、パパとママに、もう一度、

「行ってまいりま～す。」

というと、今度はふり返らずに、ランドセルをカタカタいわせて走り出した。ロッキーも、からだをのびのびさせながら、並んで走り出した。

駅までの道は、前の学校に行く道と、ほとんど変わらなかった。だから、途中でトットちゃんは、顔見知りの犬や猫や、前の同級生と、すれちがった。トットちゃんは、そのたびに、

「定期を見せて、おどろかせてやろうかな？」

と思ったけど、（もしおそくなったらたいへんだから、今日は、よそう……。）と決めて、どんどん歩いた。

駅のところにきて、いつもなら左に行くトットちゃんが、右に曲がったので、かわいそうにロッキーは、とても心配そうに立ち止まって、キョロキョロした。トットちゃんは、改札口のところまで行ったんだけど、もどってきて、まだ不思議そうな顔をしてるロッキー

にいった。

「もう、前の学校には行かないのよ。新しい学校に行くんだから。」

それからトットちゃんは、ロッキーの顔に、自分の顔をくっつけ、ついでにロッキーの耳の中の、においをかいだ。（いつもと同じくらい、くさいけれど、わたしには、いい、においい！）そう思うと顔をはなして、

「バイバイ。」

というと、定期を駅の人に見せて、ちょっと高い駅の階段を、のぼり始めた。ロッキーは、小さい声で鳴いて、トットちゃんが階段を上っていくのを、いつまでも見送っていた。

電車の教室

トットちゃんが、きのう、校長先生から教えていただいた、自分の教室である、電車のドアに手をかけたとき、まだ校庭には、だれの姿も見えなかった。今とちがって、昔の電

車は、外から開くように、ドアに取っ手がついていた。両手で、その取っ手を持って、右に引くと、ドアは、すぐ開いた。トットちゃんは、ドキドキしながら、そーっと、首をつっこんで、中を見てみた。

「わあーい!!」

これなら、勉強しながら、いつも旅行をしてるみたいじゃない。網棚もあるし、窓もぜんぶ、そのままだし。ちがうところは、運転手さんの席のところに黒板があるのと、電車の長い腰かけを、はずして、生徒用の机と腰かけが進行方向にむいて並んでいるのと、つり革がないところだけ。あとは、天井も床も、ぜんぶ、電車のままになっていた。トットちゃんは靴をぬいで中に入り、だれかの机のところに腰かけてみた。前の学校と、同じような木のいすだったけど、それは、いつまでも腰かけていたいくらい、気持ちのいいいすだった。トットちゃんは、うれしくて、（こんな気に入った学校は、絶対に、お休みなんかしないで、ずーっとくる。）と、強く心に思った。

それからトットちゃんは、窓から外を見ていた。すると、動いていないはずの電車なのに、校庭の花や木が、すこし風にゆれているせいか、電車が走っているような気持ちになった。

「ああ、うれしいなあ——。」

トットちゃんは、とうとう声に出して、そういった。それから、顔をぺったりガラス窓にくっつけると、いつも、うれしいとき、そうするように、デタラメ歌を、うたいはじめた。

とても　うれし
うれし　とても
どうしてかっていえば……

そこまでうたったとき、だれかが乗りこんできた。女の子だった。その子は、ノートと筆箱をランドセルから出して机の上に置くと、背のびをして、網棚にランドセルをのせた。それからぞうり袋も、のせた。トットちゃんは歌をやめて、いそいで、まねをした。つぎに、男の子が乗ってきた。その子は、ドアのところから、バスケットボールのように、ランドセルを、網棚に投げこんだ。網棚の、網は、大きく波うつと、ランドセルを、投げ出した。ランドセルは、床に落ちた。その男の子は、「失敗！」というと、またもや、同じところから、網棚めがけて、投げこんだ。今度は、うまく、おさまった。「成功！」と、その子は叫ぶと、すぐ、「失敗！」といって、机によじのぼると、網棚のランドセルを開けて、筆箱やノートを出した。そういうのを出すのを忘れたから、失敗だったにちがいなかった。

こうして、九人の生徒が、トットちゃんの電車に乗りこんできて、それが、トモエ学園の、一年生の全員だった。

そしてそれは、同じ電車で旅をする、仲間だった。

授業

お教室がほんとうの電車で、〝かわってる〟と思ったトットちゃんが、つぎに〝かわってる〟と思ったのは、教室ですわる場所だった。前の学校は、だれかさんは、どの机、隣はだれ、前はだれ、と決まっていた。ところが、この学校は、どこでも、その日の気分や都合で、毎日、好きなところにすわっていいのだった。

そこでトットちゃんは、さんざん考え、そして見まわしたあげく、朝、トットちゃんのつぎに教室に入ってきた女の子の隣にすわることに決めた。なぜなら、この子が、長い耳をしたうさぎの絵のついた、ジャンパースカートをはいていたからだった。

でも、なによりも〝かわっていた〟のは、この学校の、授業のやりかただった。

ふつうの学校は、一時間目が国語なら、国語をやって、二時間目が算数なら、算数、というふうに、時間割りの通りの順番なのだけど、この点、この学校は、まるっきりちがっていた。

なにしろ、一時間目が始まるときに、その日、一日やる時間割りの、ぜんぶの科目の問題を、女の先生が、黒板にいっぱいに書いちゃって、

「さあ、どれでも好きなのから、始めてください。」

といったんだ。だから生徒は、国語であろうと、算数であろうと、自分の好きなのから始めていっこうに、かまわないのだった。だから、作文の好きな子が、作文を書いていると、うしろでは、物理の好きな子が、アルコールランプに火をつけて、フラスコをブクブクやったり、なにかを爆発させてる、なんていう光景は、どの教室でも見られることだっ

た。この授業のやりかたは、上級になるにしたがって、その子どもの興味を持っているもの、興味の持ちかた、物の考えかた、そして、個性、といったものが、先生に、はっきりわかってくるから、先生にとって、生徒を知るうえで、なによりの勉強法だった。

また、生徒にとっても、好きな学科からやっていい、というのは、うれしいことだったし、きらいな学科にしても、学校が終わる時間までに、やればいいのだから、なんとか、やりくりできた。したがって、自習の形式が多く、いよいよ、わからなくなってくると、先生のところに聞きに行くか、自分の席に先生にきていただいて、納得のいくまで、教えてもらう。そして、例題をもらって、また自習に入る。これはほんとうの勉強だった。だから、先生の話や説明を、ボンヤリ聞くといったことは、ないにひとしかった。

トットちゃんたち、一年生は、まだ自習をするほどの勉強を始めていなかったけど、それでも、自分の好きな科目から勉強する、ということには、かわりなかった。

カタカナを書く子。絵をかく子。本を読んでる子。なかには、体操をしている子もいた。トットちゃんの隣の女の子は、もう、ひらがなが書けるらしく、ノートに写していた。トットちゃんは、なにもかもがめずらしくて、ワクワクしちゃって、みんなみたいに、すぐ勉強、というわけにはいかなかった。

そんなとき、トットちゃんのうしろの机の男の子が立ち上がって、黒板のほうに歩き出した。ノートを持って。黒板の横の机で、ほかの子になにかを教えている先生のところに行くらしかった。その子の歩くのを、うしろから見たトットちゃんは、それまでキョロキョロしてた動作をピタリとやめて、ほおづえをつき、じーっと、その子を見つめた。その子は、歩くとき、足をひきずっていた。とっても、歩くとき、からだがゆれた。はじめは、わざとしているのか、と思ったくらいだった。でも、やっぱり、わざとじゃなくて、そういうふうになっちゃうんだ、と、しばらく見ていたトットちゃんにわかった。

その子が、自分の机にもどってくるのを、トットちゃんは、さっきの、ほおづえのまま、見た。目と目が合った。その男の子は、トットちゃんを見ると、ニコリと笑った。トットちゃんも、あわてて、ニコリとした。その子が、うしろの席にすわると、——すわるのも、ほかの子より、時間がかかったんだけど——トットちゃんは、クルリとふりむいて、その子に聞いた。

「どうして、そんなふうに歩くの？」

その子は、やさしい声で静かに答えた。とてもりこうそうな声だった。

「ぼく、小児麻痺なんだ。」

「しょうにまひ?」

トットちゃんは、それまで、そういう言葉を聞いたことがなかったから、聞き返した。

その子は、すこし小さい声でいった。

「そう、小児麻痺。足だけじゃないよ。手だって……。」

そういうと、その子は、長い指と指が、くっついて、曲がったみたいになった手を出した。トットちゃんは、その左手を見ながら、

「なおらないの?」

と心配になって聞いた。その子は、だまっていた。トットちゃんは、悪いことを聞いたのかと悲しくなった。すると、その子は、明るい声でいった。

「ぼくの名前は、やまもとやすあき。君は?」

トットちゃんは、その子が元気な声を出したので、うれしくなって、大きな声でいった。

「トットちゃんよ。」

こうして、山本泰明ちゃんと、トットちゃんのお友だちづきあいが始まった。

電車の中は、暖かい日差しで、暑いくらいだった。だれかが、窓を開けた。新しい春の風が、電車の中を通り抜け、子どもたちの髪の毛がうたっているように、とびはねた。

トットちゃんの、トモエでの第一日めは、こんなふうに始まったのだった。

海のものと山のもの

さて、トットちゃんが待ちに待った『海のものと山のもの』のお弁当の時間がきた。この『海のものと山のもの』って、なにか、といえば、それは、校長先生が考えた、お弁当のおかずのことだった。ふつうなら、お弁当のおかずについて、「子どもが好ききらいをしないように、工夫してください。」とか、「栄養が、かたよらないようにお願いします。」とか、いうところだけど、校長先生はひとこと、

「海のものと、山のものを持たせてください。」

と、子どもたちの家の人に、たのんだ、というわけだった。

山は……たとえば、お野菜とか、お肉とか（お肉は山でとれるってわけじゃないけど、大きくわけると、牛とか豚とかニワトリとかは、陸にすんでいるのだから、山のほうに入るって考え）、海は、お魚とか、佃煮とか。この二種類を、必ずお弁当のおかずに入れてほしい、というのだった。

（こんなにかんたんに、必要なことを表現できる大人は、校長先生のほかには、そういない。）と、トットちゃんのママは、ひどく感心していた。しかも、ママにとっても、海と山とにわけてもらっただけで、おかずを考えるのが、とてもめんどうなことじゃなく思えてきたから、不思議だった。それに校長先生は、海と山といっても、〝無理しないこと〟〝ぜいたくしないこと〟といってくださったから、山は〝キンピラゴボウと玉子焼き〟で海は〝おかか〟というふうでよかったし、もっとかんたんな海と山を例にすれば、〝おのりと梅干し〟でよかったのだ。

そして子どもたちは、トットちゃんが初めて見たときに、とっても、うらやましく思ったように、お弁当の時間に、校長先生が、自分たちのお弁当箱の中をのぞいて、

「海のものと、山のものは、あるかい？」

と、ひとりずつ確かめてくださるのが、うれしかったし、それから、自分たちも、どれが海で、どれが山かを発見するのも、ものすごいスリルだった。

でも、たまには、母親がいそがしかったり、あれこれ手がまわらなくて、山だけだったり、海だけという子もいた。そういうときは、どうなるのか、といえば、その子は心配しないでいいのだった。なぜなら、お弁当の中をのぞいて歩く校長先生の後から、白い、かっぽうまえかけをかけた、校長先生の奥さんが、両手に、おなべをひとつずつ持って、ついて歩いていた。そして先生が、どっちか足りない子の前で、

「海！」

というと、奥さんは、海のおなべから、ちくわの煮たのを、二個くらい、お弁当箱のふたに、のせてくださったし、先生が、

「山！」

といえば、もう片方の、山のおなべから、おいもの煮ころがしが、とび出す、というふうだったから。

こんなわけだったので、どの子どもたちも、「ちくわがきらい。」なんて、そんなことは、いわなかったし、（だれのおかずが上等で、だれのおかずが、いつも、みっともない。）なんて思わなくて、海と山とがそろった、ということが、うれしくて、おたがいに笑いあったり、叫んだりするのだった。

トットちゃんにも、やっと、『海のものと山のもの』が、なんだかわかった。そしたら、（ママが、今朝、大急行で作ってくれたお弁当は、だいじょうぶかな？）とすこし心配になった。でも、ふたをとったとき、トットちゃんが、

「わあーい。」

といいそうになって、口をおさえたくらい、それは、それは、ステキなお弁当だった。黄色のいり卵、グリンピース、茶色のデンブ、ピンク色の、タラコをパラパラに炒ったの、そんな、いろんな色が、お花畑みたいな模様になっていたのだもの。

校長先生は、トットちゃんのを、のぞきこむと、

「きれいだね。」

といった。トットちゃんは、うれしくなって、

「ママは、とっても、おかず上手なの。」

といった。校長先生は、

「そうかい。」

といってから、茶色のデンブを指して、トットちゃんに、

「これは、海かい？　山かい？」

と聞いた。トットちゃんは、デンブを、ジーッと見て、

「これは、どっちだろう。」

と考えた。(色からすると、山みたいだけど。だって、土みたいな色だからさ。でも……

わかんない。）そう思ったので、

「わかりません。」

と答えた。すると、校長先生は、大きな声で、

「デンブは、海と山と、どっちだい？」

と、みんなに聞いた。ちょっと考える間があって、みんないっせいに、「山！」とか、

「海！」とか叫んで、どっちとも決まらなかった。みんなが叫び終わると、校長先生は、

いった。

「いいかい、デンブは、海だよ。」

「なんで。」

と、ふとった男の子が聞いた。校長先生は、机の輪のまん中に立つと、

「デンブは、魚の身をほぐして、細かくして、炒って作ったものだからさ。」

と説明した。

「ふーん。」

と、みんなは、感心した声を出した。そのときだれかが、

「先生、トットちゃんのデンブ、見てもいい？」

と聞いた。校長先生が、

「いいよ。」

というと、学校じゅうの子が、ゾロゾロ立ってきて、トットちゃんのデンブを見た。デンブは知ってて、食べたことはあっても、いまの話で、急に興味が出てきた子も、また、自分の家のデンブと、トットちゃんのと、すこし、かわっているのかな？　と思って、見た

い子もいるにちがいなかった。デンブを見にきた子の中には、においをかぐ子もいたので、トットちゃんは、鼻息で、デンブが飛ばないか、と心配になったくらいだった。

でも、初めてのお弁当の時間は、すこしドキドキはしたけど、楽しくて、『海のものと山のもの』を考えるのもおもしろいし、デンブがお魚ってわかったし、ママは、『海のものと山のもの』を、ちゃんと入れてくれたし、トットちゃんは、（ぜんぶ、よかったな。）と、うれしくなった。そして、つぎに、うれしいのは、ママのお弁当は、食べると、おいしいことだった。

よくかめよ

で、ふつうなら、これで、「いただきまーす。」になるんだけど、このトモエ学園は、ここで、合唱が入るのが、また、かわっていた。校長先生は、音楽家でもあったから、『お弁当をたべる前にうたう歌』というのを作った。ただし、これは、作曲が、イギリス人で、歌詞だけが、校長先生だった。というより、ほんとうは、もともとあった曲に、先生が替

え歌をつけた、というのが、正しいのだけれど。もともとの曲は、あの有名な、『船をこげよ(Row Your Boat)』、

〽ロー　ロー　ロー　ユアー　ボート
ジェントリー　ダウン　ザ　ストゥリーム
メリリー　メリリー　メリリー　メリリー
ライフ　イズ　バット　ア　ドリーム

で、これに校長先生がつけた歌詞は、つぎのようだった。

〽よーく　かめよ
食べものを
かめよ　かめよ　かめよ　かめよ
食べものを

そして、これをうたい終わると、初めて、「いただきまーす。」になるのだった。

〝ロー　ロー　ロー　ユアー　ボート〟のメロディーに、〝よーく　かめよ〟は、ぴったりと合った。だから、この学校の卒業生は、ずいぶんと大きくなるまで、このメロディー

は、お弁当の前にうたう歌だ、と信じていたくらいだった。校長先生は、自分の歯がぬけていたので、この歌を作ったのかもしれないけど、ほんとうは、「よくかめよ。」というより、お食事は、時間をかけて、楽しく、いろんなお話をしながら、ゆっくり食べるものだ、と、いつも生徒に話していたから、そのことを忘れないように、この歌を作ったのかもしれなかった。さて、みんなは、大きな声で、この歌をうたうと、「いただきまーす。」といって、『海のものと山のもの』に、とりかかった。トットちゃんも、もちろん、同じようにした。

講堂は一瞬だけ、静かになった。

散歩

お弁当のあと、みんなと校庭で走りまわったトットちゃんが、電車の教室にもどると、女の先生が、

「みなさん、今日は、とてもよく勉強したから、午後は、なにをしたい？」

と聞いた。トットちゃんが、（えーと、わたしのしたいこと、っていえば……。）なんて考えるより前に、みんなが口々に、

「散歩！」

といった。すると先生は、

「じゃ、行きましょう。」

といって立ち上がり、みんなも、電車のドアを開けて、くつをはいて、とび出した。トットちゃんは、パパや犬のロッキーと、散歩に行ったことはあるけど、学校で、散歩に行く、って知らなかったから、びっくりした。でも、散歩は大好きだから、トットちゃんも、いそいでくつをはいた。

あとでわかったことだけど、先生が朝の一時間目に、その日、一日やる時間割りの問題を黒板に書いて、みんなが、がんばって、午前中に、ぜんぶやっちゃうと、午後は、たいがい散歩になるのだった。これは一年生でも、六年生でも同じだった。

学校の門を出ると、女の先生を、まん中にして、九人の一年生は、小さい川に沿って歩き出した。川の両側には、ついこの間まで満開だった、桜の大きい木が、ずーっと並んで

いた。そして見渡すかぎり、菜の花畑だった。今では、川も埋めたてられ、団地やお店でギュウヅメの自由が丘も、このころは、ほとんどが畑だった。

「お散歩は、九品仏よ。」

と、うさぎの絵のジャンパースカートの、女の子がいった。この子は、〝サッコちゃん〟という名前だった。それからサッコちゃんは、

「九品仏の池のそばで、この前、へびを見たわよ。」とか、「九品仏のお寺の古い井戸の中に、流れ星が落ちてるんだって。」

とか教えてくれた。みんなは、勝手に、おしゃべりしながら歩いていく。空は青く、ちょうちょが、いっぱい、あっちにも、こっちにも、ヒラヒラしていた。

十分くらい歩いたところで、女の先生は、足を止めた。そして、黄色い菜の花を指して、

「これは、菜の花ね。どうして、お花が咲くか、わかる？」

といった。そして、それから、メシベとオシベの話をした。生徒は、みんな道にしゃがんで、菜の花を観察した。先生は、ちょうちょも、花を咲かせるお手伝いをしている、と

いった。ほんとうに、ちょうちょは、お手伝いをしているらしく、いそがしそうだった。

それから、また先生は歩き出したから、みんなも、観察はおしまいにして、立ち上がった。だれかが、

「オシベと、アカンベはちがうよね。」

とかいった。トットちゃんは、（ちがうんじゃないかなあ！）と思ったけど、よく、わかんなかった。でも、オシベとメシベが大切、ってことは、みんなと同じように、よくわかった。

そして、また十分くらい歩くと、こんもりした小さな森が見えてきて、それが九品仏のお寺だった。

境内に入ると、みんな、見たいもののほうに、キャアキャアいって走っていった。サッコちゃんが、

「流れ星の井戸を見に行かない？」

といったので、もちろん、トットちゃんは、

「うん。」

といって、サッコちゃんの後について走った。井戸っていっても、石みたいのでできていて、二人の胸のところくらいまであり、木のふたがしてあった。二人でふたを取って、下をのぞくと中はまっ暗で、よく見ると、コンクリートのかたまりか、石のかたまりみたいのが入っているだけで、トットちゃんが想像してたみたいな、キラキラ光る星は、どこにも見えなかった。長いこと、頭を井戸の中につっこんでいたトットちゃんは、頭をあげると、サッコちゃんに聞いた。

「お星さま、見た？」

サッコちゃんは、頭をふると、

「一度も、ないの。」

といった。トットちゃんは、どうして光らないか、を考えた。そして、いった。

「お星さま、いま、寝てるんじゃないの？」

サッコちゃんは、大きい目を、もっと大きくしていった。

「お星さまって、寝るの？」

トットちゃんは、あまり確信がなかったから、早口でいった。

「お星さまは、昼間、寝てて、夜、起きて、光るんじゃないか、って思うんだ。」

それから、みんなで、仁王さまのおなかを見て笑ったり、薄暗いお堂の中の仏さまを、(すこし、こわい。)と思いながらも、のぞいたり、天狗さまの大きな足跡の残ってる石に、自分の足をのせてくらべてみたり、池のまわりをまわって、ボートに乗ってる人に、「こんちは。」といったり、お墓のまわりの、黒いツルツルの、あぶら石を借りて、石けりをしたり、もう満足するぐらい、遊んだ。とくに、初めてのトットちゃんは、もう興奮して、つぎからつぎと、なにかを発見しては、叫び声をあげた。

春の日差しが、すこし傾いた。先生は、

「帰りましょう。」

といって、また、みんな、菜の花と桜の木の間の道を、並んで、学校にむかった。

子どもたちにとって、自由で、お遊びの時間とみえる、この『散歩』が、じつは、貴重な、理科や、歴史や、生物の勉強になっているのだ、ということを、子どもたちは気がついていなかった。

トットちゃんは、もう、すっかり、みんなと友だちになっていて、前から、ずーっと

いっしょにいるような気になっていた。だから、帰り道に、

「あしたも、散歩にしよう！」

と、みんなに大きい声でいった。みんなは、とびはねながら、いった。

「そうしよう。」

ちょうちょは、まだまだいそがしそうで、鳥の声が、近くや遠くに聞こえていた。

トットちゃんの胸は、なんか、うれしいもので、いっぱいだった。

校歌

トットちゃんには、ほんとうに、新しいおどろきで、いっぱいの、トモエ学園での毎日が過ぎていった。

あいかわらず、学校に早く行きたくて、朝が待ちきれなかった。そして、帰ってくると、犬のロッキーと、ママとパパに、「今日、学校で、どんなことをして、どのくらいおもしろかった。」とか、「もう、びっくりしちゃった。」とか、しまいには、ママが、

「話は、ちょっとお休みして、おやつにしたら？」

というまで、話をやめなかった。そして、これは、どんなにトットちゃんが、学校になれてもやっぱり、毎日のように、話すことは、山のように、あったのだった。

（でも、こんなに話すことがたくさんあるってことは、ありがたいこと。）

と、ママは、心から、うれしく思っていた。

ある日、トットちゃんは、学校に行く電車の中で、突然、

「あれ？ トモエに校歌って、あったかな？」

と考えた。そう思ったら、もう、早く学校に着きたくなって、まだ、あと二つも駅があるのにドアのところに立って、自由が丘に電車が着いたら、すぐ出られるように、ヨーイドンの格好で待った。一つ前の駅で、ドアが開いたとき、乗りこもうとした、おばさんは、女の子が、ドアのところで、ヨーイドンの形になってるので、降りるのか、と思ったら、そのままの形で動かないので、

「どうなっちゃってるのかね。」

といいながら、乗りこんできた。

こんなぐあいだったから、駅に着いたときの、トットちゃんの早く降りたことといったら、なかった。若い男の車掌さんが、しゃれたポーズで、まだ、完全に止まっていない電車から、プラットホームに片足をつけて、降りながら、

「自由が丘！　お降りのかたは……。」

といったとき、もう、トットちゃんの姿は、改札口から、見えなくなっていた。

学校に着いて、電車の教室に入ると、トットちゃんは、先にきていた、山内泰二君に、すぐ聞いた。

「ねえ、タイちゃん。この学校って、校歌ある？」

物理の好きな泰ちゃんは、とても、考え深そうな声で答えた。

「ないんじゃないかな？」

「ふーん。」

と、トットちゃんは、すこし、もったいをつけて、それから、

「あったほうが、いいと思うんだ。前の学校なんて、すごいのが、あったんだから！」

といって、大きな声でうたい始めた。

「せんぞくいけはあさけれどいじんのむねをふかくくみ（洗足池は浅けれど、偉人の胸を深く汲み）」

これが、前の学校の校歌だった。ほんのすこししか通わなかったし、一年生には、むずかしい言葉だったけど、トットちゃんは、ちゃんと、おぼえていた。（ただし、この部分だけだったけど。）

聞き終わると、泰ちゃんは、すこし感心したように、頭を二回くらい、かるく振ると、

「ふーん。」

といった。そのころには、ほかの生徒もきていて、みんなも、トットちゃんの、むずかしい言葉に尊敬と、憧れをもったらしく、

「ふーん。」

といった。トットちゃんは、いった。

「ねえ、校長先生に、校歌、作ってもらおうよ。」

みんなも、そう思ったところだったから、

「そうしよう、そうしよう。」

といって、みんなで、ゾロゾロ校長室に行った。

校長先生は、トットちゃんの歌を聞き、みんなの希望を聞くと、

「よし、じゃ、あしたの朝までに作っておくよ。」

といった。みんなは、

「約束だよ。」

といって、また、ゾロゾロ教室にもどった。

さて、つぎの日の朝だった。各教室に、校長先生から、〝みんな、校庭に集まるように〟

という、ことづてがあった。トットちゃんたちは、期待で胸をワクワクさせながら校庭に
集まった。校長先生は、校庭のまん中に、黒板を運び出すと、いった。

「いいかい、君たちの学校、トモエの校歌だよ。」

そして黒板に、五線を書くと、つぎのように、オタマジャクシを並べた。


それから、校長先生は、手を指揮者のように、大きくあげると、

「さあ、いっしょにうたおう！」

といって、手を振り下ろした。全校生徒、五十人は、みんな、先生の声に合わせて、うたった。

「トモエ、トモエ、トーモエ！」

「……これだけ？」

ちょっとした間があって、トットちゃんが聞いた。校長先生は、得意そうに答えた。

「そうだよ。」

トットちゃんは、ひどく、がっかりした声で、先生にいった。

「もっと、むずかしいのが、よかったんだ。センゾクイケハアサケレドーみたいなの。」

先生は、顔をまっ赤にして、笑いながらいった。

「いやかい？　これ、いいと思うけどな。」

けっきょく、ほかの子どもたちも、

「こんなカンタンすぎるのなら、いらない。」

といって、ことわった。先生は、ちょっと残念そうだったけど、べつに怒りもしないで、黒板消しで、消してしまった。トットちゃんは、すこし（先生に悪かったかな。）と思ったけど、（ほしかったのは、もっとえらそうなヤツだったんだもの、しかたがないや。）と考えた。

ほんとうは、こんなにかんたんで、『学校を、そして子どもたち』を愛する校長先生の気持ちがこもった校歌はなかったのに、子どもたちには、まだ、それがわからなかった。そして、その後、子どもたちも校歌のことは忘れ、先生もいらないと思ったのか、黒板消しで消したまま、最後まで、トモエには、校歌って、なかった。

もどしとけよ

今日は、トットちゃんにとって、大仕事の日だった。どうしてかっていうと、いちばん大切にしてる、お財布を、トットちゃんは、学校のトイレに落としてしまったからだった。お金は、ぜんぜん入っていなかったけど、トイレに持っていくくらい、大切なお財布だった。それは、赤とか黄色とか緑とかのチェックのリボン地でできていて、形は四角いペタンコで、三角形のベロ式のふたがついていて、ホックのところに、銀色のスコッチテリアの形のブローチみたいのがついてる、ほんとうに、しゃれたものだった。

だいたい、トットちゃんは、トイレに行って、用事がすんだあと、下をのぞきこむ、不思議なクセが、小さいときからあった。そのために、小学校にあがる前に、すでに、麦わらのとか、白いレースとかの帽子を、いくつも下に落としていた。今のように水洗ではなく、そのころは、汲み取り式で、下は水槽になっていたから、帽子はたいがい、そこに浮かんで、そのままになった。だから、ママは、いつも、「用事がすんでも、下を見ないこと!」と、トットちゃんに、いっていた。

それなのに、この日、学校が始まる前にトイレにいって、つい、見てしまったのだ。そのとたん持ちかたが悪かったのか、その大切なお財布が、〝ポチャン〟と下に落ちてしまい、トットちゃんが、

「あーあ!!」

と、悲鳴をあげたとき、下の暗やみの、どこにも、もうお財布は見えなかった。

そこで、トットちゃんが、どうしたかっていうと、泣いたり、あきらめたりはしなくって、すぐ、小使いのおじさん(今の用務員さん)の物置に走っていった。そして、水まき用の、ひしゃくを、かついで持ってきた。まだ小さいトットちゃんには、ひしゃくの柄が、体の倍くらいあったけど、そんなこと、かまわなかった。トットちゃんは、学校の裏にまわると、汲み取り口をさがした。トイレの外側の壁のあたりにあるかと思ったけど、どこにもないので、ずいぶんさがしたら、壁から一メートルぐらい離れた地面に、丸いコ

ンクリートのふたがあり、それが、どうやら汲み取り口らしいと、トットちゃんは判断した。やっとこ、それを動かすと、ポッカリ穴があいて、そこは、まぎれもなく、汲み取り口だった。頭をつっこんで、のぞいてから、トットちゃんはいった。

「なんだか、九品仏の池くらい大きい。」

それから、トットちゃんの、大仕事が始まった。ひしゃくを中に、つっこんで、汲み出し始めたのだった。初めは、だいたい落ちた方向のあたりをしゃくったけれど、なにしろ、深いのと、暗いのと、上は三つのドアで区切ってあるトイレが、下は一つの池になっているのだから、かなりの大きさだった。そして、頭をつっこみすぎると、中に落ちそうになるので、なんでもいいから、汲むことにして、汲み出したものは、穴のまわりにつみあげた。もちろん、一ひしゃくごとに、お財布がまじってないか、検査をした。(すぐあるか。)と思ったのに、どこにかくれたのか、お財布は、ひしゃくの中に入ってこない。そのうち、授業の始まるベルの鳴るのが聞こえてきた。

(どうしようかな?)

と、トットちゃんは考えたけど、

（せっかく、ここまで、やったんだもの。）

と、仕事を続けることにした。そのかわり、前より、もっと、がんばって、汲んだ。

かなりの山ができたときだった。校長先生が、トイレの裏道を通りかかった。先生は、トットちゃんのやってることを見て、聞いた。

「なにしてんだい？」

トットちゃんは、手を休める時間もおしいから、ひしゃくを、つっこみながら答えた。

「お財布、落としたの。」

「そうかい。」

そういうと、校長先生は、手を、体のうしろに組んだ、いつもの散歩の格好で、どっかに行ってしまった。

それから、また、しばらくの時がたった。お財布は、まだ見つからない。山は、どんどん大きくなる。

そのころ、また校長先生が通りかかって聞いた。

「あったかい？」

汗びっしょりで、まっ赤なほっぺたのトットちゃんは、山にかこまれながら、「ない。」と答えた。先生は、トットちゃんの顔に、すこし顔を近づけると、友だちのような声でいった。

「終わったら、みんな、もどしとけよ。」

そして、また、さっきと同じように、どっかに歩いていった。

「うん。」

と、トットちゃんは元気に答えて、また仕事にとりかかったけど、ふと、気がついて、山を見た。

「終わったら、ぜんぶもどすけど、水のほうは、どうしたらいいのかなあ！」

ほんとうに、水分のほうは、どんどん地面にすいこまれていて、その形は、もうなかった。トットちゃんは、働く手を止めて、地面にしみてしまった水分を、どうしたら、校長先生との約束のようにもどせるか、考えてみた。そして、結論として、（しみてる土を、すこし、もどしておけばいい。）と決めた。

けっきょく、うずたかく山ができて、トイレの池は、ほとんど空になったというのに、あのお財布はとうとう出てこなかった。もしかすると、へりとか、底に、ぴったり、くっついていたのかもしれなかった。でも、もうトットちゃんには、なくても、満足だった。自分で、これだけやってみたのだから。ほんとうは、その満足の中に、『校長先生が、自分のしたことを怒らないで、自分のことを信頼してくれて、ちゃんとした人格をもった人間として、あつかってくれた。』ということがあったんだけど、そんなむずかしいことは、トットちゃんには、まだ、わからなかった。

ふつうなら、このトットちゃんの、してることを見つけたとき、「なんていうことをしてるんだ。」とか「あぶないから、やめなさい。」と、たいがいの大人はいうところだし、また、反対に、「手伝ってやろうか？」という人もいるにちがいなかった。それなのに、「終わったら、みんな、もどしておけよ。」

とだけいった校長先生は、（なんて、すばらしい。）と、ママは、この話をトットちゃんから聞いて思った。

この事件以来、トットちゃんは、〝トイレに入ったとき、絶対に下を見なくなった〟。それから校長先生を、〝心から信頼できる人〟と思ったし、〝前よりももっと先生を好き〟に

なったのだった。

トットちゃんは、校長先生との約束どおり、山をくずして、完全に、もとのトイレの池に、もどした。汲むときは、あんなにたいへんだったのに、もどすときは早かった。それから、水分のしみこんだ土も、ひしゃくでけずって、すこし、もどした。地面を平らにして、コンクリートのふたを、キチンと、もとの通りにして、ひしゃくも、物置に返した。

その晩、眠る前に、トットちゃんは、暗やみに落ちていく、きれいなお財布の姿を思い出して、やっぱり（なつかしい。）と考えながら、昼間の疲れで、早く、眠くなった。

そのころ、トットちゃんが奮闘したあたりの地面は、まだぬれていて、月の光の下で、美しいもののように、キラキラ光っていた。

お財布も、どこかで、静かにしているにちがいなかった。

名前のこと

トットちゃんのほんとうの名前は、「徹子」という。どうして、こういう名前になったのかというと、生まれてくるとき、親戚の人や、ママやパパの友だちたち、みんなが、

「男の子にちがいない！」

とか、いったものだから、初めて子どもを持つパパとママが、それを信用して、

「徹」

と決めた。そしたら、女の子だったので、すこしはこまったけど、「徹」の字が、二人とも気に入っていたから、くじけずに、それにさっそく、「子」をつけて、「徹子」としたのだった。

そんなぐあいで、小さいときから、まわりの人は、「テツコちゃん」と呼んだ。ところが、本人は、そう思っていなくて、だれかが、

「お名前は？」

と聞くと、必ず、

「トットちゃん!」

と答えた。小さいときって、口がまわらない、ってことだけじゃなくて、言葉をたくさん知らないから、人のしゃべってる音が、自分流に聞こえちゃう、ってことがある。トットちゃんの幼なじみの男の子で、どうしても、「石けんのあぶく」が、「ちぇんけんのあぶけ」になっちゃう子や、「看護婦さん」のことを、「かんごくさん」といっていた女の子がいた。そんなわけで、トットちゃんは、

「テツコちゃん、テツコちゃん。」

と呼ばれるのを、

「トットちゃん、トットちゃん。」

と思いこんでいたのだった。おまけに、「ちゃん」までが、自分の名前だと信じていたのだった。そのうち、パパだけは、いつごろからか、

「トット助。」

と呼ぶようになった。どうしてだかはわからないけど、パパだけは、こう呼んだ。

「トット助！　バラの花についてる象鼻虫を取るの、手伝ってくれない？」

というふうに。けっきょく、小学生になっても、パパと、犬のロッキー以外の人は、

「トットちゃん。」

と呼んでくれたし、トットちゃんも、ノートには、

「テツコ」

と書いたけど、ほんとうは、「トットちゃん」だと、思っていた。

落語

トットちゃんは、きのう、とても、がっかりしてしまった。それは、ママが、

「もう、ラジオで落語を聞いちゃダメよ。」

といったからだった。


トットちゃんのころのラジオは、大きくて、木でできていた。だいたいが、たて長の四角で、てっぺんが、丸くなっていて、正面はスピーカーになってるから、ピンクの絹の布

などが張ってあり、まん中に、からくさの彫刻があって、スイッチが二つだけ、ついている、とても優雅な形のものだった。学校に入る前から、そのラジオのピンクの部分に、耳をつっこむようにして、トットちゃんは、落語を聞くのが好きだった。落語は、とてもおもしろいと思ったからだった。そしてきのうまでは、ママも、トットちゃんが落語を聞くことについて、なにもいわなかった。

ところが、きのうの夕方、弦楽四重奏の練習のために、パパのオーケストラの仲間が、トットちゃんの家の応接間に集まったときだった。チェロの橘常定さんが、トットちゃんに、

「バナナを、おみやげに持ってきてくださった。」

と、ママがいったので、トットちゃんは、大喜びのあまり、こんなふうにいってしまったのだ。つまり、トットちゃんは、バナナをいただくと、ていねいに、おじぎをしてから、橘さんに、こういった。

「おっ母あ、こいつは、おんの字だぜ。」

それ以来、落語を聞くのは、パパとママが留守のとき、秘密に、ということになった。噺家が上手だと、トットちゃんは、大声で笑ってしまう。もし、だれか大人が、このようすを見ていたら、「よく、こんな小さい子が、このむずかしい話で笑うな。」と思ったかもしれないけど、実際の話、子どもは、どんなに幼くみえても、ほんとうにおもしろいものは、絶対にわかるのだった。

電車がくる

今日、学校の昼休みに、

「今晩、新しい電車、くるわよ。」

と、ミヨちゃんが、いった。ミヨちゃんは、校長先生の三番めの娘で、トットちゃんと同級だった。

教室用の電車は、すでに、校庭に六台、並んでいたけれど、もう一台、くるという。しかも、それは、「図書室用の電車」とミヨちゃんは、教えてくれた。みんな、すっかり興奮してしまった。そのとき、だれかがいった。

「どこを走って学校にくるのかなあ……。」

これは、すごい疑問だった。

ちょっと、シーンとしてから、だれかがいった。

「途中まで、大井町線の線路を走ってきて、あそこの踏切から、はずれて、ここにくるんじゃないの？」

すると、だれかがいった。

「そいじゃ、脱線みたいじゃないか。」

もうひとりのだれかがいった。

「じゃ、リヤカーで運ぶんじゃないかな？」

すると、すぐだれかがいった。

「あんなに大きな電車が、のっかるリヤカーって、ある？」

「そうか……。」

と、みんなの考えが止まってしまった。たしかに、いまの国電（現在のＪＲ）の車両一台ぶんがのるリヤカーもトラックだって、ないように思えた。

「あのさ……。」

と、トットちゃんは、考えたあげくに、いった。

「線路をさ、ずーっと、学校まで敷くんじゃないの?」

だれかが聞いた。

「どこから?」

「どこからって、あのさ、いま、電車が、いるところから……。」

トットちゃんは、いいながら、(やっぱり、いい考えじゃなかった。)と思った。だって、どこに電車があるのか、わからないし、家やなんかを、ぶっこわして、まっすぐの線路を、学校まで敷くはずないもの、と思ったからだった。

それから、しばらくの間、みんなで、「ああでもない。」「こうでもない。」と、いいあった結果、とうとう、

「今晩、家に帰らないで、電車がくるところを、見てみよう。」

ということになった。代表として、ミヨちゃんが、お父さんである校長先生に、夜まで、

みんなが学校にいてもいいか、聞きに行った。しばらくして、ミヨちゃんは、帰ってくると、こういった。

「電車がくるの、夜、うんとおそくだって。走ってる電車が終わってから。でも、どうしても見たい人は、一回、家に帰って、家の人に聞いて、〝いい〟といわれたら、パジャマと、毛布を持って、晩ご飯食べてから、学校にいらっしゃいって！」

「わーい!!」

みんなは、さらに興奮した。

「パジャマだって？」

「毛布だって？」

その日の午後は、もう、みんな、勉強してても、気が気じゃなかった。放課後、トットちゃんのクラスの子は、みんな、弾丸のように、家に帰ってしまった。おたがいに、パジャマと毛布を持って集まれる幸運を祈りながら……。

家につくなり、トットちゃんは、ママにいった。

「電車がくるの。どうやってくるか、まだ、わかんないけど。パジャマと、毛布。ねえ、行っても、いいでしょう?」

この説明で、事情のわかる母親は、まず、いないと思うけど、トットちゃんのママも、意味は、わからなかった。でも、トットちゃんの真剣な顔で、(なにか、かなり変わったことが起きるらしい。)と察した。

ママは、いろいろと、トットちゃんに質問した。そして、とうとう、どういう話なのか、これから、なにが起きようとしているのか、よく、わかった。そして、ママは、そういうのを、トットちゃんが見ておく機会は、そうないのだから、見ておくほうがいいし、

(わたしも見たいわ。)

と思ったくらいだった。

ママは、トットちゃんのパジャマと毛布を用意すると、晩ご飯を食べてから、学校まで、送っていった。

学校に、集まったのは、うわさを聞きつけた上級生もすこしいて、ぜんぶで、十人くらいだった。トットちゃんのママのほかにも、二人くらい、送ってきたお母さんがいて、〝見たそう〟にしていたけど、校長先生に子どもたちをおねがいして、帰っていった。

「きたら、起こしてあげるよ。」

と、校長先生にいわれて、みんな講堂に、毛布にくるまって、寝ることになった。（電車が、どうやって運ばれるのか、それを考えると、夜も寝られない。）とも思ったけど、それまでの興奮で、疲れてきて、

「絶対に起こしてよ。」

といいながら、だんだん、みんな、ねむくなって、とうとう、寝てしまった。

「きた！　きた！」

ガヤガヤいう声で、トットちゃんは、とび起きて、校庭から門の外のところまで走っていった。ちょうど、朝もやの中に、電車が、大きな姿を現したところだった。なんだか、まるで夢みたいだった。線路のない、ふつうの道を、電車が、音もなく、走ってきたのだもの。

この電車は、大井町の操車場から、トラクターで、運ばれてきたのだった。トットちゃんたちは自分たちの知らなかった、この、リヤカーより大きいトラクターというものの存在を知って、そのことにも感動した。

この大きなトラクターで、だれもいない朝の町を、ゆっくりと、電車は、運ばれてきた

のだった。

ところが、それからが大さわぎだった。まだ大型クレーンなどない時代だったから、電車をトラクターから、降ろすというか、はずして、決められた校庭の隅に移すというのが、たいへんな作業だったのだ。運んできたお兄さんたちは、太い丸太を、何本も電車の下に敷いて、すこしずつ、その上を、ころがすようにして、電車を、トラクターから、校庭へと降ろしていった。

「よく見ていなさい。あれは、コロといって、ころがす力を応用して、あんな大きな電車を動かすんだよ。」

校長先生は、子どもたちに説明した。

子どもたちは、真剣に、見物した。

お兄さんたちの、「よいしょ、よいしょ。」の声に合わすように、朝の光が、のぼり始めた。

たくさんの人たちを乗せて、いそがしく働いてきた、この電車は、すでに、この学校にきているほかの六台の電車と同じように、車輪がはずされていて、もう走る必要もなく、これからは、子どもたちの笑い声や叫び声だけをのせて、のんびりすれば、いいのだった。子どもたちは、パジャマ姿で、朝日の中にいた。そして、この現場に居合わせたことを、心から幸福に思った。そして、あんまり、うれしいので、つぎつぎに、校長先生の肩や腕に、ぶらさがったりとびついたりした。

校長先生は、よろけながら、うれしそうに笑った。校長先生の笑う顔を見ると、子どもたちも、また、うれしくなって笑った。だれもかれもが笑った。

そして、このとき笑ったことを、みんなは、いつまでも、忘れなかった。

プール

トットちゃんにとって、今日は記念すべき日だった。というのは、生まれて初めて、プールで泳いだのだから。しかも、はだかんぼで。

今日の朝のことだった。校長先生が、みんなにいった。

「急に暑くなったから、プールに水を入れようと思うんだ！」

「わーい。」

と、みんな、とび上がった。一年生のトットちゃんたちも、もちろん、

「わーい。」

といって、上級生より、もっと、とび上がった。トモエのプールは、ふつうのみたいに四角じゃなくて、(地面の関係から、らしかったけど)先のほうが、すこし細くなってるボートみたいな形だった。でも、大きくて、とてもりっぱだった。場所は、教室と講堂の、ちょうど、あいだにあった。

トットちゃんたちは、授業中も、気になって、なんども電車の窓からプールを見た。水が入っていないときのプールは、枯れた葉っぱの運動場みたいだったけど、お掃除して、水が入り始めると、それは、はっきりと、プールとわかった。

いよいよ、お昼休みになった。みんなが、プールのまわりに集まると、校長先生がいった。

「じゃ、体操してから、泳ごうか?」

トットちゃんは考えた。

（よくわかんないけど、ふつう泳ぐときって、海水着っていうの、着るんじゃないの？もう先、パパとママと鎌倉に行ったとき、海水着とか、浮き袋とか、いろんなもの、持っていったんだけど……。今日、持ってくるように、って、先生いったかなあ？……。）

すると校長先生は、トットちゃんの考えていることが、わかったみたいに、こういった。

「水着の心配は、いらないよ。講堂に行ってごらん？」

トットちゃんとほかの一年生が走って講堂に行ってみると、もう大きい子どもたちが、キャアキャア叫びながら、洋服をぬいでるところだった。そして、ぬぐと、おふろに入るときと同じようにはだかんぼで、校庭に、つぎつぎと、とび出して行く。トットちゃんたちも、いそいでぬいだ。暑い風が吹いていたから、はだかになると気持ちがよかった。講堂を出て、階段の上に立つと、もう、校庭では、準備体操が始まっている。トットちゃんたちは、はだしで、階段をかけ降りた。

水泳の先生は、ミヨちゃんのお兄さん、つまり、校長先生の息子で、体操の専門家だった。でも、トモエの先生ではなくて、よその大学の水泳の選手で、名前は、学校と同じ、巴さん、といった。トモエさんは、海水着を着ていた。

体操をして、体に水をかけてもらうと、みんな、「キイー！」とか「ヒャー！」とか、「ワハハハ。」なんて、いろんな声を出しながら、プールに、とびこんだ。トットちゃんも、すこし、みんなの入るのを見て、背が立つとわかってから、入ってみた。おふろは、お湯だけど、プールは、水だった。でも、プールは大きくて、どんなに手をのばしても、どこまでも、水だった。

細っこい子も、すこしデブの子も、男の子も女の子も、みんな、生まれたまんまの姿で、笑ったり、悲鳴をあげたり、水にもぐったりした。トットちゃんは、

（プールって、おもしろくて、気持ちがいい。）

と考え、犬のロッキーが、いっしょに学校にこられないのを、残念に思った。だって、海水着を着なくてもいいってわかったら、きっとロッキーも、プールに入って、泳ぐのにさ。

校長先生が、なぜ、海水着なしで泳がしたかっていえば、それはべつに、規則ではなかった。だから、海水着を持ってきた子は、着てもよかったし、今日みたいに、急に「泳ごうか？」となった日は、用意もないから、はだかでかまわなかった。で、なぜはだかにしたか、といえば、「男の子と女の子が、おたがいの体のちがいを、へんなふうに詮索す

るのは、よくないことだ。」ということと、「自分の体を無理に、ほかの人から、かくそうとするのは、自然じゃない。」と考えたからだった。

(どんな体も美しいのだ。)

と校長先生は、生徒たちに教えたかった。トモエの生徒のなかには、泰明ちゃんのように、小児麻痺の子や、背がとても小さい、というような、ハンディキャップを持った子も何人かいたから、はだかになって、いっしょに遊ぶということが、そういう子どもたちの羞恥心を取り除き、ひいては、劣等意識を持たさないのに役立つのではないか、と、校長先生に、こんなことも考えていたのだった。そして、事実、はじめは、はずかしそうにしていたハンディキャップを持っている子も、そのうち平気になり、楽しいことのほうが先にたって、「はずかしい」なんて気持ちは、いつのまにか、なくなっていた。

それでも、生徒の家族のなかには、心配して、「必ず着るように!」といいきかせて、海水着を持たす家もあった。でも、けっきょくは、トットちゃんみたいに、はじめから、(泳ぐのははだかがいい。)と決めた子や、「海水着を忘れた。」といって、泳いでいる子を見ると、そのほうがいいみたいで、いっしょにはだかで泳いでしまって、帰るときに、大さわぎで、海水着に水をかけたり、ということになるのだった。そんなわけで、トモエの子どもたちは、全身、まっ黒に日焼けしちゃうから、海水着の跡が白く残ってるってことは、たいがい、なかった。

通信簿

トットちゃんは、いま、ランドセルをカタカタいわせながら、わき見もしないで、駅から家にむかって走っている。ちょっと見たら、重大事件が起こったのか、と思うくらい。学校の門を出てから、ずーっと、トットちゃんは、こうだった。

家について、玄関の戸を開けると、トットちゃんは、

「ただいま。」

といってから、ロッキーを探した。ロッキーは、ベランダに、おなかをぺったりとつけて、涼んでいた。トットちゃんは、だまって、ロッキーの顔の前にすわると、背中からランドセルを下ろし、中から、通信簿を取り出した。それは、トットちゃんが、初めても

らった、通信簿だった。トットちゃんは、ロッキーの目の前に、よく見えるように、成績のところを開けると、

「見て?」

と、すこし自慢そうにいった。そこには、甲とか乙とか、いろんな字が書いてあった。もっともトットちゃんにも、甲より乙のほうがいいのか、それとも、甲のほうがいいのか、そういうことは、まだ、わからなかったのだから、ロッキーにとっては、もっとむずかしいことにちがいなかった。でも、トットちゃんは、この、初めての通信簿を、だれよりも先にロッキーに見せなきゃ、と思ってたし、ロッキーも、きっと、よろこぶ、と思っていた。

ロッキーは、目の前の紙を見ると、においをかいで、それから、トットちゃんの顔を、じーっと見た。トットちゃんは、いった。

「いいと思うでしょ? ちょっと漢字が多いから、あんたには、むずかしいとこも、あると思うけど。」

ロッキーは、もう一度、紙を、よくながめるふうに頭を動かして、それから、トット

ちゃんの手を、なめた。

トットちゃんは、立ち上がりながら、満足げな調子でいった。

「よかった。じゃ、ママたちに見せてくる。」

トットちゃんが行っちゃうと、ロッキーは、もうすこし涼しい場所を探すために、起き上がった。そして、ゆっくり、すわると、目を閉じた。それは、トットちゃんじゃなくても、ロッキーが通信簿について考えている、と思うような、目の閉じかただった。

夏休みがはじまった

「あした、テントを張って、野宿をします。毛布とパジャマを持って、夕方、学校にきてください。」

こういう校長先生からの手紙を、トットちゃんは、学校から持って帰って、ママに見せた。あしたから夏休み、という日のことだった。

「野宿って、なあに？」

トットちゃんは、ママに聞いた。ママも、考えていたところだったけど、こんなふうに答えた。

「どっか、外にテントを張って、その中に寝るんじゃないの？　テントだと、寝ながら、星とかお月様が見られるのよ。でも、どこにテントを張るのかしらね。交通費っていうのがないから、きっと学校の近くよ。」

その夜、ベッドに入っても、トットちゃんは、野宿のことを考えると、ちょっと、こわいみたいな、ものすごく冒険みたいな、なんかドキドキする気持ちで、いつまでも、ねむくならなかった。

つぎの日、目が覚めると、もう、トットちゃんは、荷物を作り始めた。そして、パジャマを入れたリュックの上に、毛布をのせてもらうと、すこし、つぶされそうになりながら、夕方、ママとパパにバイバイをすると、出かけていった。

学校にみんなが集まると、校長先生は、

「みんな講堂においで。」

といい、みんなが講堂に集まると、小さなステージの上に、ゴワゴワしたものを、持って上がった。それは、グリーン色のテントだった。先生は、それを広げると、いった。

「これから、テントの張りかたを教えるから、よく見てるんだよ。」

そして、先生は、一人で、〝ふんふん〟いいながら、あっちのひもをひっぱったり、こっちに柱を建てたりして、あっ、というまに、とてもステキな三角形のテントを張ってしまった。そして、いった。

「いいかい。これから君たちは、みんなで講堂に、たくさん、テントを張って、野宿だ！」

ママは、たいがいの人が考えるように、外にテントを張るのだと思ったのだけれど、校長先生の考えは、ちがっていた。

〝講堂なら、雨が降っても、少々、夜中に寒くなっても、大丈夫！〟

子どもたちは、いっせいに、「野宿だ！　野宿だ！」と叫びながら、何人かずつ、組になり、先生たちにも手伝ってもらって、とうとう、講堂の床に、みんなの分だけのテントを張ってしまった。一つのテントは、三人くらいずつ寝られる大きさだった。トットちゃんは、はやばやとパジャマになると、あっちのテントと、こっちのテントと、入り口から、はいずって、出たり入ったり、満足のいくまでした。みんなも同じように、よそのテントを訪問しあった。

ぜんぶが、パジャマになると、校長先生は、みんなが見えるまん中にすわって、先生が旅をした外国の話をしてくれた。

子どもたちは、テントから首を半分だした寝ころんだ形や、きちんと、すわったり、上級生のひざに、頭をもたせかけたりしながら、行ったことはもちろん、それまで見たことも、聞いたこともない外国の話を聞いた。先生の話はめずらしく、ときには、海のむこうの子どもたちが、友だちのように思えるときも、あった。

そして、たったこれだけのことが……、講堂にテントを張って、寝ることが……子どもたちにとっては、一生、忘れることのできない、楽しくて、貴重な経験になった。校長先生は、確実に、子どものよろこぶことを知っていた。

先生の話が終わり、講堂の電気が消えると、みんなは、ゴソゴソと、自分のテントの中に入った。

あっちのテントからは、笑い声が……、こっちのテントからは、ヒソヒソ声が、それから、むこうのテントでは、とっくみ合いが……。それもだんだんと静かになっていった。星も月もない野宿だったけど、心の底から満足した子どもたちが、小さい講堂で、野宿をしていた。

そして、その夜、たくさんの星と、月の光は、講堂を包むように、いつまでも、光っていたのだった。

大冒険

講堂での野宿のつぎのつぎの日、とうとう、トットちゃんの大冒険の日がきた。それは、泰明ちゃんとの約束だった。そして、その約束は、ママにもパパにも、泰明ちゃんの家の人にも、秘密だった。その約束が、どういうのか、というと、それは、「トットちゃんの木に、泰明ちゃんを招待する。」というものだった。トットちゃんの木、といっても、それはトモエの校庭にある木で、トモエの生徒は、校庭のあっちこっちに自分専用の、登る木を決めてあったので、トットちゃんのその木も、校庭のはしっこの、九品仏に行く細い道に面した垣根のところに生えていた。その木は、太くて、登るときツルツルしていたけど、うまくよじ登ると、下から二メートルくらいのところが、二またになっていて、その、またのところが、ハンモックのように、ゆったりとしていた。トットちゃんは、学校の休み時間や、放課後、よく、そこに腰をかけて、遠くを見物したり、空を見たり、道を通る人たちをながめたりしていた。

そんなわけで、よその子の木に登らせてほしいときは、

「ごめんくださいませ。ちょっとおじゃまします。」

というふうにいって、よじ登らせてもらうくらい、〝自分の木〟って、決まっていた。

でも、泰明ちゃんは、小児麻痺だったから、木に登ったことがなく、自分の木も、決めてなかった。だから、今日、トットちゃんは、その自分の木に、泰明ちゃんを招待しようと決めて、泰明ちゃんと、約束してあったのだ。トットちゃんが、みんなに秘密にしたのは、きっと、みんなが反対するだろう、と思ったからだった。トットちゃんは、家を出るとき、

「田園調布の、泰明ちゃんの家に行く。」

と、ママにいった。うそをついてるので、なるべくママの顔を見ないで、くつのひものほうを見るようにした。でも、駅までついてきたロッキーには、別れるとき、ほんとうのことを話した。

「泰明ちゃんを、わたしの木に登らせてあげるんだ！」

トットちゃんが、首からひもで下げた定期をバタバタさせて学校につくと、泰明ちゃんは、夏休みでだれもいない校庭の、花壇のそばに立っていた。泰明ちゃんは、トットちゃんより、一歳、年上だったけど、いつも、ずーっと大きい子のように話した。

泰明ちゃんは、トットちゃんを見つけると、足をひきずりながら、手を前のほうに出すような格好で、トットちゃんのほうに走ってきた。トットちゃんは、だれにも秘密の冒険をするのだ、と思うと、もううれしくなって、泰明ちゃんの顔を見て、

「ヒヒヒヒヒ。」

と笑った。泰明ちゃんも、笑った。それからトットちゃんは、自分の木のところに、泰明ちゃんを連れていくと、ゆうべから考えていたように、小使いのおじさんの物置に走って

いって、立てかけるはしごを、ズルズルひっぱってきて、それを、木の二またあたりに立てかけると、どんどん登って、上で、それを押さえて、

「いいわよ、登ってみて？」

と、下をむいて叫んだ。でも泰明ちゃんは、手や足の力がなかったから、とても一人では、一段めも登れそうになかった。そこで、トットちゃんは、ものすごい早さで、うしろむきになってはしごを降りると、今度は、泰明ちゃんのお尻を、うしろから押して、上にのせようとした。ところが、トットちゃんは、小さくて、やせている子だったから、泰明ちゃんのお尻を押さえるだけが精いっぱいで、グラグラ動くはしごを押さえる力は、とてもなかった。泰明ちゃんは、はしごにかけた足を降ろすと、だまって、下をむいて、はしごのところに立っていた。トットちゃんは、思っていたより、むずかしいことだったことに、初めて気がついた。

（どうしよう……。）

でも、どんなことをしても、泰明ちゃんも楽しみにしている、この自分の木に、登らせたかった。トットちゃんは、悲しそうにしている泰明ちゃんの顔の前にまわると、ほっぺ

たをふくらませたおもしろい顔をしてから、元気な声でいった。

「待ってて？　いい考えがあるんだ!!」

それから、また物置まで走って行き、なにか、（いい考えのものはないか。）と、いろいろなものを、つぎつぎとひっぱり出してみた。そして、とうとう、脚立を発見した。

（これなら、グラグラしないから、押さえなくても大丈夫。）

それから、トットちゃんは、その脚立を、ひきずってきた。それまで、「こんなに自分が力持ちって知らなかった。」と思うほどのすごい力だった。脚立を立ててみると、ほとんど、木の二またのあたりまで、とどいた。それから、トットちゃんは、泰明ちゃんのお姉さんみたいな声でいった。

「いい？　こわくないのよ。もう、グラグラしないんだから。」

泰明ちゃんは、とてもビクビクした目で脚立を見た。それから、汗びっしょりのトットちゃんを見た。泰明ちゃんも、汗ビッショリだった。それから、泰明ちゃんは、木を見上げた。そして心を決めたように、一段めに足をかけた。

それから、脚立のいちばん上まで、泰明ちゃんが登るのに、どれくらいの時間がかかったか、二人にもわからなかった。夏の日差しの照りつける中で、二人とも、なにも考えていなかった。とにかく、泰明ちゃんが、脚立の上まで登ればいい、それだけだった。トットちゃんは、泰明ちゃんの足の下にもぐっては、足を持ち上げ、頭で泰明ちゃんのお尻を支えた。泰明ちゃんも、力の入るかぎりがんばって、とうとう、てっぺんまで、よじ登った。

「ばんざい！」

ところが、それから先が絶望的だった。二またに飛びうつったトットちゃんが、どんなにひっぱっても、脚立の泰明ちゃんは、木の上に移れそうもなかった。脚立の上につかまりながら、泰明ちゃんは、トットちゃんを見た。突然、トットちゃんは、泣きたくなった。

（こんなはずじゃなかった。わたしの木に泰明ちゃんを招待して、いろんなものを見せてあげたいと思ったのに……。）

でも、トットちゃんは、泣かなかった。もし、トットちゃんが泣いたら、泰明ちゃんも、きっと泣いちゃう、と思ったからだった。

トットちゃんは、泰明ちゃんの、小児麻痺で指がくっついたままの手を取った。トットちゃんの手より、ずーっと指が長くて、大きい手だった。トットちゃんは、その手を、しばらくにぎっていた。そして、それから、いった。

「寝る格好になってみて？　ひっぱってみる。」

このとき、脚立の上に腹ばいになった泰明ちゃんを、二またの上に立ち上がって、ひっぱり始めたトットちゃんを、もし、大人が見たら、きっと悲鳴をあげたにちがいない。それくらい、二人は、不安定な格好になっていた。

でも、泰明ちゃんは、もう、トットちゃんを信頼していた。そして、トットちゃんは、自分の全生命を、このとき、かけていた。小さい手に、泰明ちゃんの手を、しっかりとつかんで、ありったけの力で、泰明ちゃんをひっぱった。

入道雲が、ときどき、強い日差しを、さえぎってくれた。

そして、ついに、二人は、木の上で、むかいあうことができたのだった。トットちゃんは、汗で、ビチャビチャの横分けの髪の毛を、手でなでつけながら、おじぎをしていった。

「いらっしゃいませ。」

泰明ちゃんは、木に、よりかかった形で、すこし、はずかしそうに笑いながら、答えた。

泰明ちゃんにとっては、初めて見る景色だった。そして、

「木に登るって、こういうのか、って、わかった。」

って、うれしそうにいった。

それから、二人は、ずーっと木の上で、いろんな話をした。泰明ちゃんは、熱をこめて、こんな話もした。

「アメリカにいる、お姉さんから、聞いたんだけど、アメリカに、テレビジョンていうのができたんだって。それが日本にくれば、家にいて、国技館の、お相撲が見られるんだって。箱みたいな形だって。」

遠くに行くのがたいへんな泰明ちゃんにとって、家にいて、いろんなものが見られることが、どんなに、うれしいことか、それは、まだトットちゃんには、わからないことだった。だから、

(箱の中から、お相撲が出るなんて、どういうことかな？　お相撲さんて、大きいのに、どうやって、家まできて、箱の中に入るのかな？)

と考えたけど、とっても、変わってる話だとは、思った。まだ、だれもテレビジョンなんて知らない時代のことだった。トットちゃんに、最初にテレビの話を教えてくれたのは、この泰明ちゃんだった。

セミが、ほうぼうで鳴いていた。二人とも、満足していた。

そして、泰明ちゃんにとっては、これが、最初で、最後の、木登りになってしまったのだった。

胆試し

「こわくて、くさくて、おいしいもの、なあに?」。このナゾナゾはなんどやってもおもしろいので、トットちゃんたちは、答えを知ってるのに、

「ねえ、〝こわくて〟っていう、あのナゾナゾ、出して?」

と、おたがいに出しあっては、よろこんだ。答えは、

「鬼が、トイレで、おまんじゅう食べているところ。」

というのだけれど。

さて、今晩のトモエの〝胆試し〟は、こんなナゾナゾみたいな結果になった。

「こわくて、かゆくて、笑っちゃうもの、なあに?」

っていうふうに。

講堂にテントを張って野宿した、あの晩、校長先生が、

「九品仏のお寺で、夜、〝胆試し〟やるけど、オバケになりたい子、手をあげて!」

といって、男の子が七人くらい、きそって、オバケになる、ということになっていた。

今日の夕方、みんなが学校に集まると、オバケになる子は、思い思いに、自分で作ったオバケの衣装を用意して、

「こわくするぞ~~~!!」

とかいって、九品仏のお寺のどこかに、かくれに行った。あとの三十人くらいの子は、五人くらいずつのグループに分かれて、すこしずつ時間をずらして学校を出発、九品仏のお寺とお墓を回って、学校まで帰ってくる。つまり、

「どれだけ、こわいのを我慢できるかの、〝胆試し〟だけど、こわくなったら、途中で帰ってきてちっともかまわない。」

と、校長先生は説明した。

トットちゃんは、ママから懐中電灯を借りてきた。「なくさないでね。」とママはいった。男の子のなかには、

「オバケをつかまえる。」

といって、ちょうちょをとるアミとか、

「オバケを、しばってやる。」

といって、なわを持ってきた子もいた。

校長先生が、説明したり、ジャンケンでグループを決めているうちに、かなり暗くなってきていいよ、第一のグループは、

「出発していい。」

ということになった。みんな興奮して、キイキイいいながら、校門を出ていった。そして、いよいよ、トットちゃんたちのグループの番になった。

（九品仏のお寺に行くまでは、オバケ出ない、と先生はいったけど、絶対に、途中で出ないかな……。）

とビクビクしながら、やっと仁王様の見える、お寺の入り口に、たどりついた。夜のお寺は、お月様が出ていても、暗いみたいで、いつもは広々として気持ちのいい境内なのに、今日は、どこからオバケが出てくるかわからないと思うと、もう、トットちゃんたちは、こわくてこわくて、どうしようもなかった。だから、ちょっと風で木がゆれると、「キャーッ!!」。足で、グニャッとしたものを踏むと、「出たア!」。しまいには、おたがいに手をつないでいる相手さえも、（オバケじゃないか!?）と心配になったくらいだった。トットちゃんは、もう、お墓まで行かないことにした。オバケは、お墓で待ってるに決まってるし、もう、充分に、（キモダメシが、どんなのか。）ってわかったから、帰ったほうがいい、と考えたからだった。偶然、グループのみんなも同じ考えだったので、トットちゃんは、（よかった、一人じゃなくて。）と思い、帰り道、みんなは、もう一目散だった。

学校に帰ると、前に行った組も、帰ってきていて、みんなも、こわいから、ほとんどお墓まで行かなかった、とわかった。

そのうち、白い布を頭から、かぶった男の子が、ワアワア泣きながら、先生に連れられて、門から入ってきた。その子は、オバケになって、ずーっと、お墓の中にしゃがんで、みんなを待っていたけど、だれもこないし、だんだん、こわくなって、とうとうお墓から外に出て、道で泣いてるところを、巡回してた先生に見つけられ、帰ってきたのだった。みんなが、その子をなぐさめていると、また泣きながら、ちがうオバケと男の子が帰ってきた。オバケの子は、だれかがお墓に入ってきたので、「オバケ！」といおうと思って前に飛び出したら、走ってきたその男の子と正面衝突して、二人とも、びっくりしたのと、痛いのとで、オイオイ泣きながら、いっしょに走ってきたのだった。みんな、おかしいのと、こわかったのが終わった安心とで、ゲラゲラ笑った。オバケも、泣きながら笑った。そこに、新聞紙で作ったオバケをかぶった、トットちゃんと同級生の右田君が、

「ひどいよ、ずーっと待ってたのにさ。」

といいながら帰ってきて、蚊にくわれた、足や手を、ボリボリかいた。それを見て、

「オバケが、蚊にくわれてる！」

と、だれかがいったから、みんな、また笑った。五年生の受け持ちの丸山先生が、

「じゃ、そろそろ残ってるオバケを連れてきましょう。」

と出かけていった。そして、外灯の下でキョロキョロしてたオバケや、こわくって、家まで帰っちゃったオバケを、ぜんぶ、連れて帰ってきた。

この夜のあと、トモエの生徒は、オバケを、こわくないと思った。

だって、オバケだって、こわがっているんだ、って、わかったんだからさ。

練習所

トットちゃんは、おぎょうぎよく歩いている。犬のロッキーも、たまにトットちゃんの顔を見上げながら、やっぱり、おぎょうぎよく歩いている。こんなときは、パパの練習所を、のぞきに行くときに決まっていた。ふだんのトットちゃんは、大急行で走っているとか、落としたものをさがすためにキョロキョロしながら行ったりきたりとか、よその家の庭を、つぎつぎと、つっ切って、垣根から、もぐって出たり入ったりしながら進んでいく、

というふうだった。だから、今日みたいな格好で歩いているのはめずらしく、そういうときは、「練習所だナ。」って、すぐわかった。練習所は、トットちゃんの家から、五分くらいのところにあった。

トットちゃんのパパは、オーケストラの、コンサートマスターだった。コンサートマスターっていうのは、ヴァイオリンを弾くんだけど、トットちゃんがおもしろいと思ったのは、いつか、演奏会に連れてってもらったとき、みんなが拍手したら、汗ビッショリの指揮者のおじさんが、クルリと客席のほうに振りむくと、指揮台を降りて、すぐ隣にすわって弾いていたトットちゃんのパパと握手したことだった。そして、パパが立つと、オーケストラのみんなが、いっせいに立ち上がった。

「どうして、握手するの？」

小さい声でトットちゃんが聞くと、ママは、

「あれは、パパたちが一生懸命、演奏したから、指揮者が、パパに代表して、『ありがとう。』という意味で握手をしたのよ。」

と教えてくれた。

ちひろ

トットちゃんが練習所が好きなわけは、学校は子どもばっかりなのに、ここは大人ばっかりが集まっていて、しかも、いろんな楽器で音楽をやるし、指揮者のローゼンシュトックさんの日本語がおもしろいからだった。

ローゼンシュトックさんは、ヨーゼフ＝ローゼンシュトックといって、ヨーロッパでは、とても有名な指揮者だったんだけど、ヒットラーという人が、こわいことをしようとするので、音楽を続けるために、逃げて、こんな遠い日本まできたのだ、とパパが説明してくれた。パパは、ローゼンシュトックさんを尊敬しているといった。トットちゃんには、まだ世界情勢がわからなかったけど、このころ、すでに、ヒットラーは、ユダヤ人の弾圧を始めていたのだった。もし、こういうことがなかったら、ローゼンシュトックは、日本にくるはずもない人だったし、また、山田耕筰が作った、このオーケストラも、こんなに急速に、世界的指揮者によって、成長することもなかったのかもしれない。とにかく、ローゼンシュトックは、ヨーロッパの一流オーケストラと同じ水準を要求した。だから、ローゼンシュトックは、いつも練習の終わりには、涙を流して泣くのだった。

「わたしが、これだけ一生懸命やってるのに、君たち、オーケストラは、それに、こたえてくれない。」

するとローゼンシュトックが、練習で休んだりしたときに、代理で指揮をする、チェロのトップの斎藤秀雄さんが、いちばん、ドイツ語が上手だったので、

「みんなは、一生懸命やっているのだけど、技術が、おいつかないのです。絶対に、わざとではないのです。」

と、代表して、気持ちを伝え、なぐさめるのだった。こういういきさつは、トットちゃんは知らなかったけど、ときどき、ローゼンシュトックさんが、顔をまっ赤にして、頭から湯気が出るみたいになって、外国語（ドイツ語）で、どなっているのを見ることがあった。そういうとき、トットちゃんは、ほおづえをついて、いつも、のぞいている自分用の窓から頭をひっこめ、ロッキーといっしょに地面にしゃがんで息をひそめ、また音楽の始まるのを待つのだった。

でも、ふだんのローゼンシュトックさんは、やさしく、日本語は、おもしろかった。みんなの演奏がうまくいくと、

「クロヤナギサン！　トテモ、イイデス。」

とか、

「スバラシイデス！」

とかいった。

トットちゃんは、一度も練習所の中に入ったことはなかった。いつも、そーっと、窓からのぞきながら、音楽を聴くのが好きだった。だから休憩になって、みんなが煙草を吸いに、外に出たとき、

「あっ！　トット助、きてたのか？」

って、パパが気がつくことって、よくあった。ローゼンシュトックさんは、トットちゃんを見つけると、

「オハヨーゴザイマス。」

とか、

「コニチワ。」

といって、もう大きくなったのに、すこし前の小さかったときみたいに抱きあげて、ほっぺたをくっつけたりした。ちょっと、はずかしかったけど、トットちゃんは、細い銀のふち

の眼鏡をかけて、鼻が高く、背の低いローゼンシュトックさんが好きだった。芸術家とすぐわかる、りっぱな美しい顔だった。

洗足池のほうから吹いてくる風は、練習所の音楽をのせて、とても遠いところまで運んでいった。ときどき、その中に〽金魚〜〜〜ええ〜〜〜金魚！という金魚屋さんの声が、まざることもあった。とにかく、トットちゃんは、すこし西洋館風で、かたむいている、この練習所が気に入っていた。

温泉旅行

夏休みも終わりに近くなって、いよいよ、トモエの生徒にとっては、メインイベントとでもいうべき、温泉旅行への出発の日がきた。たいがいのことにおどろかないママも、夏休み前の、ある日、トットちゃんが学校から帰ってきて、

「みんなと、温泉旅行に行ってもいい？」

と聞いたときは、びっくりした。おじいさんとか、おばあさんがそろって温泉に出かける、

というのならわかるけど、小学校の一年生が……。でも、よくよく校長先生からの手紙を読んでみると、なるほどおもしろそうだ、と、ママは感心した。静岡の伊豆半島に土肥というところがあり、そこは、海の中に温泉がわいていて、子どもたちが、泳いだり、温泉に入ったりできるという、「臨海学校」のお知らせだった。二泊三日。トモエの生徒のお父さんの別荘が、そこにあり、一年から六年までの全校生徒、約五十人が泊まれる、ということだった。ママは、もちろん、賛成した。

　そんなわけで、今日、トモエの生徒は、温泉旅行に出かけるしたくをして、学校に集まったのだった。校庭にみんながくると、校長先生は、いった。

「いいかい？　汽車にも船にも乗るよ。迷子にだけは、なるなよな。じゃ、出発だ！」

　校長先生の注意は、これだけだった。でも、自由が丘の駅から東横線に乗りこんだみんなは、びっくりするほど静かで、走りまわる子もいなかったし、話すときは、隣にいる子だけと、おとなしく話した。トモエの生徒は一回も、「一列におぎょうぎよく並んで歩くこと！」とか「電車の中は静かに！」とか、「食べものの、かすを捨ててはいけません。」とか、学校で教わったことはなかった。ただ、自分より小さい人や弱い人を押しのけることや、乱暴をするのは、はずかしいことだ、ということや、散らかっているところを見たら、自分で勝手に掃除をする、とか、人の迷惑になることは、なるべくしないように、というようなことが、毎日の生活の中で、いつのまにか、体の中に入っていた。それにしても、たった数か月前、授業中に窓からチンドン屋さんと話して、みんなに迷惑をかけていたトットちゃんが、トモエにきたその日から、ちゃんと、自分の机にすわって勉強するようになったことも、考えてみれば不思議なことだった。ともかく、今、トットちゃんは、前の学校の先生が見たら、「人ちがいですわ。」というくらい、ちゃんと、みんなといっしょに腰かけて、旅行をしていた。

沼津からは、みんなの夢の、船だった。そんなに大きい船じゃなかったけど、みんな興奮して、あっちをのぞいたり、さわったり、ぶら下がってみたりした。そして、いよいよ船が港を出るときは、町の人たちにも、手を振ったりした。ところが、途中から雨になり、みんな甲板から船室に入らなければならなくなり、おまけに、ひどくゆれてきた。そのうち、トットちゃんは、気持ちが悪くなってきた。ほかにも、そういう子がいた。そんなとき、上級生の男の子が、ゆれる船のまん中に重心をとる形で立って、ゆれてくると、

「オットットットット！」

といって、左にとんでったり、右にとんでったりした。それを見たら、おかしくて、みんな気持ちが悪くて半分、泣きそうだったけど、笑っちゃって、笑っているうちに土肥に着いた。そして、かわいそうだけど、おかしかったことは、船から降りて、みんなが元気になったころ、「オットットットット！」の子だけが、気持ち悪くなったことだった。

土肥温泉は、静かなところで、海と林と、海に面した小高い丘などがある美しい村だった。ひと休みしたあと、先生たちに連れられて、みんな、海に出かけた。学校のプールとちがうから、海に入るときは、みんな海水着を着た。

海の中の温泉、というのは、かわっていた。なにしろ、どこからどこまでが温泉で、どこからが海、という、線とか囲いがあるわけじゃないから、

「ここが温泉ですよ。」

といわれたところをおぼえて、しゃがむと、ちょうど首のところまでお湯がきて、ほんとうに、おふろと同じに温かくて気持ちがよかった。そして、おふろから海に行こうと思うときは、横ばいになって五メートルくらい歩くと、だんだんぬるくなってきて、それから

もっといくと、冷たくなるから、「そこからは海だ！」とわかるのだった。だから、みんな海で泳いで寒くなると、大いそぎで、温かい温泉にもどって、首までつかった。そうすると、なんだか、家に帰ったみたいな気がした。おかしなことは、海の部分に行けば、海水帽をぴっちりかぶって泳ぐ子どもたちが、見たところは海と同じなのに、温泉に入っているときは、輪になって気楽な格好で、話をしていることだった。きっと、はたからだれかが見たら、けっきょく、小学生でも温泉に入ると、おじいさんやおばあさんと同じ、と思ったかもしれなかった。

そのころの海は、ほとんど、よその人がいなくて、海岸も温泉も、トモエの生徒の専用みたいだった。みんな、精いっぱい、このめずらしい、温泉海水浴を楽しんだ。だから、夕方、別荘に帰ったときは、どの子も、あんまりながく水につかっていたので、指先の皮がシワシワになっていたほどだった。

夜は夜で、おふとんに入ってから、交代に〝おばけ〟の話をした。トットちゃんたち一年生は、みんな、こわくて泣いた。そして、泣きながら、

「それから？」

というのだった。

この土肥温泉の三日間は、これまでの、学校の中での野宿とか、肝試しとちがって、実際の生活だった。たとえば、晩ご飯の材料を買いに、順番で、八百屋さんや魚屋さんに行かされたし、知らない大人の人たちから、「どこの学校の生徒？」とか「どこからきたの？」と聞かれたとき、ちゃんと答えなきゃならなかった。それから、林の中で迷子になりそうになった子もいたし、遠くまで泳いでしまって、帰ってこられなくなり、みんなを心配させた子もいた。浜辺に落ちていたガラスで足を切った子もいた。そのたびに、みんなは、どうしたら、いちばん自分が役に立つか、考えた。

でも、楽しいことも多かった。大きな林があって、セミはいっぱいいたし、アイスキャンデー屋さんもいた。それから、海岸で、ひとりで大きい木の船を作っている、おじさんとも会った。かなり船の形ができあがっていたから、朝起きると、みんな、どれくらい、きのうよりできているか、走って、見に行った。トットちゃんは、薄く長くできたカンナクズを、おじさんから、おみやげに、もらった。

お別れの日、校長先生がいった。

「どうだい。記念写真を撮ろうじゃないか。」

それまで、みんないっしょに写真って、撮ったことがなかったから、また、みんなは興奮した。だから、

「はい、撮りますよ。」

って、女の先生がいうとき、だれかがトイレに行ってたり、

「さあ、いいですね。」

というと、運動ぐつの右と左が逆だったから、はき直す、という子がいたり、その間じゅう、ずーっと緊張してポーズをとっていて、ほんとうに、

「じゃ、いきますよ!」

というときに、

「ああ、疲れた。もうダメだ!」

といって、ねっころがる子もいて、とっても時間がかかった。

でも、海をうしろにして、思い思いのポーズをして撮った写真は、子どもたちの宝物になった。その写真を見れば、船のことも、温泉のことも、おばけの話のことも、「オットッ

トットットット！」の子のことも、一度に思い出せるからだった。

こうして、トットちゃんの初めての夏休みは、絶対に忘れることのできない、いろんな楽しい思い出を残して過ぎていった。

まだ東京でも、近くの池には、ザリガニがたくさんいて、大きい牛が、ゴミ屋さんの車をひっぱって歩いているころのことだった。

リトミック

夏休みも終わり、二学期が始まった。夏休みの間、いろんな集まりのたびに、トットちゃんは、クラスのみんなとはもちろん、上級生の一人一人とも親しくなった。そして、トモエ学園のことが、もっともっと好きになっていた。

トモエは、ふつうの小学校と授業方法が変わっているほかに、音楽の時間が、とても多かった。音楽の勉強にも、いろいろあったけど、なかでも「リトミック」の時間は、毎日あった。リトミックというのは、ダルクローズという人が考えた、特別のリズム教育で、この研究が発表されると、一九〇五年（明治三十八年）ごろのことなんだけど、全ヨーロッパ、アメリカなどが、いち早く注目して、各国に、その養成所とか、研究所が、できたくらいだった。で、どうして、このトモエにダルクローズ先生のリトミックが入ってきたのかといえば、こういう、いきさつだった。

校長の小林宗作先生は、トモエ学園を始める前に、外国では、子どもの教育を、どんなふうにやっているかを見るために、ヨーロッパに出発した。そして、いろんな小学校を見学したり、教育者といわれる人たちの話を聞いたりしていた。そんなとき、パリで、小林先生に、すばらしい作曲家でもあり、教育者でもあるダルクローズ、という人に出会い、このダルクローズが、長い間、

「どうしたら、音楽を耳でなく、〝心で聞き、感じる〟ということを子どもに教えられるだろうか。生気のない教育ではなく、動きのある生きている音楽を感じとってもらうには……。どうしたら子どもの感覚を目覚めさせられるだろうか？」

ということを考えていて、ついに、子どもたちの、自由にとびはねるのを見ていて発見し、創作したリズム体操、「リトミック」というものがあることを知った。そこで、小林先生

は、パリのこのダルクローズの学校に一年以上も滞在して、リトミックを身につけた。すこし歴史的な話になるけれど、日本人で、このダルクローズの影響を受けた人は多く、山田耕筰をはじめ、モダンダンスの創始者石井漠、歌舞伎の二代目市川左団次、新劇運動の先駆者小山内薫、舞踊家伊藤道郎。こういった人たちも、リトミックが、あらゆる芸術の基礎である、ということで、ダルクローズに学んだ。でも、このリトミックを、小学校の教育にとり入れてみようとしたのは、小林先生が初めてだった。

「リトミックって、どういうものですか？」

という質問に、小林先生は、こう答えた。

「リトミックは、体の機械組織を、さらに精巧にするための遊戯です。リトミックは、心に運転術を教える遊戯です。リトミックは、心と体に、リズムを理解させる遊戯です。リトミックを行うと、性格が、リズミカルになります。リズミカルな性格は美しく、強く、すなおに、自然の法則にしたがいます。」

まだ、いろいろあるけれど、とにかく、トットちゃんたちのクラスは、体にリズムを理解させることから始まった。講堂の小さいステージの上のピアノを校長先生が弾く。それに合わせて、生徒は、思い思いの場所から歩き始める。どう歩いてもいいけど、人の流れと逆流して歩くと、ぶつかって、気持ちが悪いから、なんとなく、同じ方向に、つまり、輪になる形で、でも一列とかじゃなく、自由に流れるように歩くのだった。そして、音楽を聴いて、それが〝二拍子〟だと思ったら、両手を大きく指揮者のように上下に二拍子に振りながら、歩く。足は、ドタドタじゃなく、そうかといって、バレエのような、つま先だちでもなく、どっちかっていえば、「足の親指をひきずるように、体を楽に、自由にゆすれる形で、歩くのが、いい。」と先生はいった。でも、いずれにしても、自然が第一だったから、その生徒の感じる歩き方でよかった。そして、リズムが三拍子になったら両腕は、すぐに三拍子を大きくとり、歩き方も、テンポに合わせて、早くなったり、遅くなったりさせなきゃ、いけなかった。そして、両腕の指揮ふうあげおろしも、六拍子まであったから、四拍子くらいだと、まだ、

「下げて、まわして、横から、上に。」

ぐらいだけど、五拍子になると、

「下げて、まわして、前に出して、横にひいて、そのまま上に。」

で、六拍子になると、もう、

「下げて、まわして、前に出して、もう一度、胸の前でまわして、横にひいて、そのまま上に。」


だから、拍子が、どんどん変わると、けっこうむずかしかった。そして、もっとむずかしいのは、校長先生が、ときどきピアノを弾きながら、

「ピアノが変わっても、すぐには変わるな！」

と、大きい声で、いうときだった。たとえば、それは、初め〝二拍子〟のリズムで歩いていると、ピアノが〝三拍子〟になる。だけど、三拍子を聞きながら、二拍子のままで歩く。これは、とても苦しいけど、こういうときに、かなり、子どもの集中力とか、自分の、しっかりした意志なども養うことができる、と校長先生は考えたようだった。


さて、先生が叫ぶ。

「いいよ！」

生徒は、「ああ、うれしい……。」と思って、すぐ三拍子にするのだけど、このときに、まごついてはダメ、瞬間的に、さっきの二拍子を忘れて、頭の命令を体で、つまり筋肉の

実行に移し、三拍子のリズムに順応しなければ、いけない、と思ったとたんに、ピアノは、五拍子になる、というぐあいだった。初めは、手も足も、めちゃくちゃだったり、口々に、
「先生、待ってよ、待ってよ。」
とかいいながら、ウンウンやったけど、なれてくると、とても気持ちがよく、自分でも、いろんなことを考え出してやれることもあって、楽しみだった。たいがいは、流れの中で一人でやるんだけど、気がむいたときは、だれかと並んでやったり、二拍子のときだけ、片手をつないだままやったり、目をつぶってやってみたり。ただ、しゃべることは、いけないとされていた。

ママたちも、たまに父兄会のときなんかに、そーっと外から見ることもあったけど、子どもたちがそれぞれ、その子らしい表情で、のびのびと手足を動かし、いかにも気持ちよさそうに、跳びはねて、しかも、リズムに、きっちり、合っている、という光景は、いいものだった。

リトミックは、こんなふうに、体と心にリズムを理解させることから始まり、これが、精神と肉体との調和を助け、やがては、想像力を醒まし、創造力を発達させるようになれば

いい、という考えのものだった。だから、初めての日、トットちゃんが、学校の門のところで、ママに、

「トモエって、なあに？」

と聞こうとしたけど、この学校の「トモエ」、というのは、白と黒からできている紋所の一種の二つ巴で子どもたちの心身両面の発達と調和をねがう、校長先生の心のあらわれだった。

リトミックの種類は、まだたくさんあったけど、とにかく、校長先生は、子どもたちの、生まれつき持ってる素質を、どう、まわりの大人たちが、そこなわないで、大きくしてやれるか、ということを、いつも考えていた。だから、このリトミックにしても、

「文字と言葉に頼りすぎた現代の教育は、子どもたちに、自然を心で見、神のささやきを聞き、霊感に触れるというような、官能を衰退させたのではなかろうか？

古池や　蛙とびこむ　水の音……池の中に蛙がとびこむ現象を見た者は、芭蕉のみで

は、なかったろうに。湯気たぎる鉄瓶を見た者、りんごの落ちるのを見た者は、古今東西において、ワット一人、ニュートン一人というわけで、あるまいに。世に恐るべきものは、目あれど美を知らず、耳あれども楽を聴かず、心あれども真を解せず、感激せざれば、燃えもせず……の類である。」などと嘆いていた校長先生が、きっと、いい結果を生むにちがいないと授業に入れたものだった。そして、トットちゃんは、イサドラ＝ダンカンふうに、はだしで走りまわり、とびまわって、それが、授業だなんて、すごくうれしいと思っていた。

一生のお願い！

トットちゃんは生まれて初めて、縁日に行った。縁日は、前に行ってた学校のそばにある洗足池の、弁天様がある小さい島でやっていた。パパとママに連れられて薄暗い道を歩いて行って、急に明るくなったと思ったら、それが縁日で、いろんな電気がついているのだった。一目みただけで、もう興奮したトットちゃんは、小さな夜店のひとつひとつに頭をつっこんだ。あっちでもこっちでも、ピーとかポンとかシュルシュルという音がして、いろんな、においがして、いままで見たことのないものだらけだった。赤や黄色やピンクのリリアンにぶら下がったハッカパイプ。犬とか猫とかベティーさんなどの顔がパイプになっている。そして綿アメ、ベッコウアメ。竹筒の中に、ぼかしに染めた白い山吹のシンをつっこんで、棒で押しこむと、「ポン！」とはずんだ音がする山吹鉄砲。あと、刀を飲みこんだり、ガラスを食べちゃうおじさんが、芸を道で見せてるかと思うと、お丼のへりにつけると、お丼が、〜ワア〜ンと鳴る〝粉〟を売るおじさんも、いる。それから、お金が消えてしまう手品の「金の輪」とか日光写真や、水中花……。

　キョロキョロしながら歩いてるトットちゃんが、

「わあー！」

といって足を止めたもの、それは、まっ黄色のヒヨコだった。小さくて、まんまるのヒヨコは小さい箱の中に、いっぱいいいて、みんなピイピイ鳴いていた。

「欲しい！」

トットちゃんは、パパとママの手をひっぱった。

「ねえ、これ買って？」

ヒヨコは、トットちゃんのほうをむき、小さいしっぽをふるわせ、くちばしを上にむけて、もっと大きい声で鳴いた。

「かわいい……。」

トットちゃんはしゃがみこんだ。こんなに小さくてかわいいものって、前に見たことがない、と思った。

「ねえ？」

トットちゃんは、パパとママを見上げた。ところがびっくりしたことに、パパとママは、トットちゃんの手をひっぱって、歩き出そうとしたのだった。

「ね、なにか買ってあげるっていったじゃないの。わたし、これ欲しい！」

ママが小さい声でいった。

「このヒヨコは、すぐ死ぬから、かわいそうなの。およしなさい。」

「どうして？」

トットちゃんは泣き声になった。パパは、ヒヨコの売り屋さんに聞こえないように、すこし離れたところで説明した。

「あれは、今はかわいいけど、体が弱いからすぐ死んで、トット助が泣くことになるから、パパたちは、いってるんだよ。」

でも、もうトットちゃんは、ヒヨコを見ちゃったから、説明を聞きたくなかった。

「絶対に死なせない。めんどうみるから、お願い！」

それでも、パパとママは頑固に、トットちゃんを、ヒヨコの箱の前から、ひっぱった。トットちゃんは、ひっぱられながら、ヒヨコたちを見た。ヒヨコは、みんなトットちゃんに連れてって欲しそうに、もっと鳴いた。トットちゃんは、もうヒヨコじゃなきゃ、なにもいらないと思った。パパとママに、おじぎをしていった。

「ねえ、お願い。ヒヨコ買ってください。」

でも、ママもパパもがんばった。

「あなたが泣くことになるから、よしたほうがいいって思うのよ。」

トットちゃんはベソベソ泣き出した。そして家のほうに泣きながら歩き出した。そして、暗いところまできたとき、しゃくりあげながらいった。

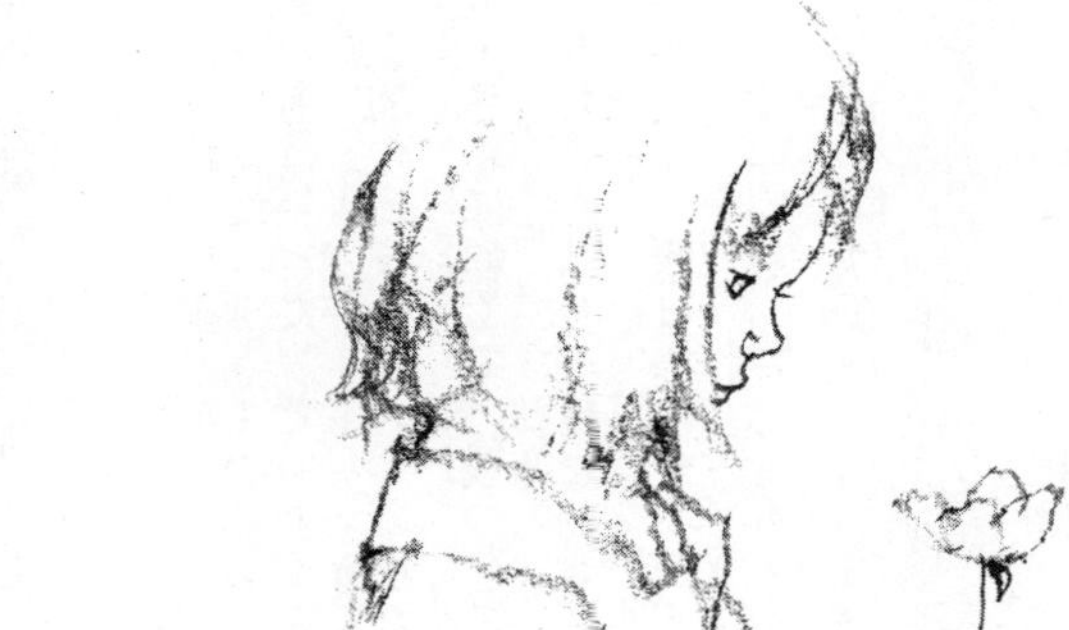

「お願いします。一生のお願い。死ぬまでなにか買ってって、いいません。あのヒヨコ買ってください。」

とうとうパパもママも折れてしまった。

さっき泣いたからすがもう笑った、というくらい、うれしそうな顔のトットちゃんの手の中の小さい箱には、二羽のヒヨコが入っていた。

つぎの日、ママが大工さんに頼んで、桟つきの特別製の箱を作ってもらい、中に電球を入れて、暖めた。トットちゃんは、一日じゅう、ヒヨコを見て暮らした。黄色いヒヨコはかわいかった。ところが突然、四日めに一羽が、五日めにもう一羽が、動かなくなってしまった。どんなに手でさすっても、呼んでも、もう二度とピイピイとはいわなかった。そして、いつまで待っても目を開けなかった。パパとママのいったことは正しかった。トットちゃんは、ひとりで泣きながら庭に穴を掘って、二羽を埋めた。そして、小さいお花を、お供えした。ヒヨコのいなくなった箱は、ガランとして大きく見えた。箱の中のほうに、小さい黄色の羽が落ちてるのを見つけたとき、縁日でトットちゃんを見て鳴いてたときの姿を想い出し、トットちゃんは、歯をくいしばって泣いた。

一生のお願いが、こんなに早く、なくなってしまった……。これがトットちゃんが人生で最初に味わった「別れ」というものだった。

いちばんわるい洋服

校長先生は、トモエの生徒の父兄に、

「いちばんわるい洋服を着せて、学校によこしてください。」

と、いつもいっていた。というのは、〝汚したら、お母さんにしかられる〟とか、〝破けるから、みんなと遊ばない〟ということは、子どもにとって、とてもつまらないことだから、どんなに泥んこになっても、破けても、かまわない、いちばんわるい洋服を着させてください、というお願いだった。トモエの近くの小学校には、制服を着てる子もいたし、セーラー服とか、学生服に半ズボン、という服装もあった。だけど、トモエの子は、ほんとうに普段着で学校にきた。そして先生のお許しがあるわけだから、洋服のことを気にしないで、もうできるだけ遊んだ。でも今のように、ジーンズなど丈夫な布地のない時代だったから、どの子のズボンも、つぎがあたっていたし、女の子のスカートも、できるだけ、丈夫な布で作ってあった。

トットちゃんの、もっとも大好きな遊びは、よその家の垣根や、原っぱの垣根の下をくぐることだったから、洋服のことを考えなくていいのは、都合がよかった。そのころの垣根は、子どもたちが「テツジョウモウ（鉄条網）」と呼んでいる有刺鉄線というか、バラ線が、柵のまわりに張りめぐらしてあるのが多かった。なかには、地面につくくらい下のほうまで、しっかり、からんでいるのもよくあった。これに、どうやってもぐりこむか、といえば、この垣根の下に頭をつっこんで、テツジョウモウを押しあげ、穴を掘って、もぐる、ちょうど、犬と同じやりかただった。そしてこのとき、トットちゃんも、気をつけてはいるのだけれど、どうしても、トゲトゲの鉄線に洋服がひっかかって、破けてしまうのだった。いつかなどは、かなり古くて、「しょう」の抜けているメリンスふうの布地のワンピースを着てるときだったけど、このときは、スカートが破ける、とか、ひっかかった、というのじゃなく、背中からお尻にかけて、七か所くらい、ジャキジャキに破けて、どうみても、背中にハタキを背負ってる、というふうになってしまった。古いけど、ママが、この洋服を気に入ってる、と知っているトットちゃんは、一生懸命に考えた。つまり、「テツジョウモウをもぐってて破けた。」といっては、ママに気の毒だから、なんかうそをついてでも、

「どうしても破けるのはしかたがなかった。」

というふうに説明したほうがいい、と考えたのだった。やっと思いついたうそを、家に帰るなり、トットちゃんは、ママにいった。

「さっきさ、道歩いてたら、よその子が、みんなで、わたしの背中にナイフ投げたから、こんなに破けたの。」

いいながら、(ママが、いろいろ、くわしく聞いたらこまるな。)と思っていた。ところが、うれしいことに、ママは、

「あら、そう、たいへんだったわね。」

といっただけだった。(ああ、よかった。)と、トットちゃんは安心して、(これなら、ママの好きな洋服が破れたのもしかたがなかった……って、ママにもわかってもらえた。)と思った。

もちろん、ママはナイフで破けたなんて話を信じたわけではなかった。だいたい、うしろからナイフを背中に投げて、体に怪我もしないで、洋服だけビリビリになるなんてことは、ありえなかったし、だいいち、トットちゃんが、全然、こわかった、というふうでもないのだから、すぐうそとわかった。でも、なんとなく、トットちゃんにしては、いいわけをするなんて、いつもとちがうから、きっと洋服のことを気にしてるにちがいない、と考え、(いい子だわ。)と思った。ただ、ママは、前から聞きたい、と思っていたことを、この際、トットちゃんに聞いてみようと思って、いった。

「洋服が、ナイフとか、いろんなもので破けるのは、わかるけど、どうして、パンツまで、毎日、毎日、ジャキジャキになるの?」

木綿のレースなんかがついているゴム入りの白いパンツのお尻のあたりが、毎日、破けているのが、ママには、ちょっとわからなかった。

(パンツが泥んことか、すれてる程度なら、おすべりとか、しりもちとかで、そうなった、とわかるけど、ビリビリになるのは、どうしてかしら?)

トットちゃんは、すこし考えてからいった。

「だってさ、もぐるときは、絶対、はじめはスカートがひっかかっちゃうんだけど、出るときはお尻からで、そいで、垣根のはじっこから、ずーっと、〝ごめんくださいませ〟と〝では、さようなら〟をやるから、パンツなんか、すぐ破けちゃうんだ！」

なんだかわかんないけど、ママは、おかしくなった。

「それで、それはおもしろいの？」

ママの質問に、トットちゃんは、びっくりしたような顔で、ママを見て、いった。

「ママだって、やってみれば？　絶対におもしろいから。でさ、ママだって、パンツ破けちゃうと思うんだ⁉」

トットちゃんが、どんなにスリルがあって楽しいか、という遊びは、こうだった。

つまり、テツジョウモウの張ってある長い空き地の垣根を見つけると、はじのほうから、トゲトゲを持ちあげ、穴を掘って中にもぐりこむのが、まず「ごめんくださいませ。」で、つぎに、いま、もぐった、ちょっと隣のトゲトゲを、今度は、中から持ちあげ、また穴を掘って、このときは、「では、さようなら。」といって、お尻から出る。このとき、つまりお尻から出るときに、スカートがまくれて、パンツがテツジョウモウにひっかかるのだ、と、ママにも、やっとわかった。こんなふうに、つぎつぎと、穴を掘り、スカートやパンツもひっかけながら、「ごめんくださいませ。」そして、「では、さようなら。」をくり返す。つまり上から見ていたら、垣根の、はしからはしまで、ジグザグに、入ったり出たりするのだから、パンツも破けるわけだった。

（それにしても、大人なら、疲れるだけで、なにがおもしろいか、と思えるこういうことが、子どもにとっては、ほんとうに楽しいことなんだから、なんて、うらやましいこと……。）ママは、髪の毛はもちろん、つめや耳の中まで泥だらけのトットちゃんを見ながら思った。そして、校長先生の、「汚してもかまわない洋服」の提案は、ほんとうに子どものことを、よくわかっている大人の考えだ、といつものことだけど、ママは感心したのだった。

高橋君

今朝、みんなが校庭で走ったりしてるとき、校長先生が、いった。

「新しい友だちがきたよ。高橋君だ。一年生の電車の仲間だよ。いいね。」

トットちゃんたちは、高橋君を見た。高橋君は、帽子をぬいで、おじぎをすると、

「こんちは。」

と、小さい声でいった。トットちゃんたちも、まだ一年生で小さかったけど、高橋君は男の子なのに、背がうんと低かったし、手や足も短かった。帽子をにぎってる手も小さかった。でも、肩幅はガッシリしていた。高橋君は、心細そうに立っていた。トットちゃんは、ミヨちゃんや、サッコちゃんに、

「はなし、してみよう。」

といって高橋君に近づいた。トットちゃんたちが近づくと、高橋君は、人なつっこそうに笑った。だから、トットちゃんたちも、すぐ笑った。高橋君の目はクリクリして、なにかを話したそうにしている目だった。

「電車の教室、見る？」

と、トットちゃんが先輩らしくいった。高橋君は、帽子を頭にチョコンとのせると、

「うん。」

といった。トットちゃんは、早く見せたいので、すごい、いきおいで電車の中に入ると、ドアのところで、

「早くいらっしゃいよ！」

と呼んだ。高橋君は、いそがしそうに歩いていた。でも、まだ、ずーっとむこうのほうにいた。チョコチョコと走るみたいな形で高橋君はいった。

「ごめんね、いま行くから……。」

トットちゃんは、小児麻痺の泰明ちゃんみたいに、足をひきずって歩かない高橋君が、なかなか電車に着かないのに気がついた。トットちゃんは、もう叫ばないで、高橋君を見た。高橋君は、一生懸命に、トットちゃんのほうにむかって走っていた。いまトットちゃんには、「早く！」っていわなくても、高橋君の急いでいることが、よくわかった。高橋君の足は、とても短くて、ガニ股の形に曲がっていたのだった。先生や大人には、高橋君の身長が、このまま止まってしまう、とわかっていた。高橋君は、トットちゃんが、じーっと見ているのに気がつくと、両手を前後に振りながら、もっと急いだ。そしてドアのところに着くと、

「君は速いな。」

といった。それから、

「ぼく、大阪からきたんだ。」

といった。

「大阪?」

トットちゃんは、とても大きな声で、聞きかえした。だって、トットちゃんにとって、大阪は、"幻"の町、まだ見たことのない町だったんだ。というのは、ママの 弟 で、大学生になる叔父さんは、トットちゃんの家にくると、トットちゃんの両方の耳のあたりを両手ではさむと、そのままの形で、トットちゃんの体を高く持ちあげて、

「大阪見物させてやる。大阪は見えるかい?」

と聞くのだった。これは、小さい子と遊んでくれる大人が、よくやるいたずらだったけど、トットちゃんは本気にしたから、顔の皮が、ぜんぶ、上のほうにのびて、目もつり上がって、耳もすこし痛かったけど、必死にキョロキョロして遠くを見た。いつも大阪は見えなかった。でも、いつかは、見えるのかと思って、その叔父さんがくると、

「大阪見物させて？　させて？」

とたのんだ。だから、トットちゃんにとって、大阪は、見たことのない、憧れの町なのだった。

そこからきた高橋君！

「大阪の話、して？」

トットちゃんはいった。高橋君は、うれしそうに笑った。

「大阪の話か……。」

歯切れのいい、大人っぽい声だった。そのとき、始業のベルが鳴った。

「残念！」

と、トットちゃんはいった。高橋君は、ランドセルにかくれて、見えないくらいの小さい体をゆすりながら、元気に、いちばん前の席にすわった。トットちゃんは、いそいで隣にすわった。こういうとき、この学校の自由席制度は、ありがたかった。だってトットちゃんは、（離れちゃうのが惜しい。）そんな気持ちだったのだから。こうして高橋君も仲間になった。

とびこんじゃダメ！

学校からの帰り道、家の近くまできたとき、トットちゃんは、道路のはじのほうに、いいものを見つけた。それは、大きい砂の山だった。（海でもないのに砂があるなんて！こんな夢みたいな話って、あるかしら？）すっかりうれしくなったトットちゃんは、一回、ポン！　と高くとび上がってはずみをつけると、それからは、全速力でかけていって、その砂の山のてっぺんに、ポン!!　と、とびのった。ところが、砂の山と思ったのはまちがいで、中は、すっかり練った、ねずみ色の壁土だったから、「ズボッ！」という音と同時に、ランドセルにぞうり袋という形のまま、トットちゃんは、そのネチャネチャの中に銅像のように、胸までつかってしまった。出ようと思っても、もがくと、足の下がツルツルにすべって、くつがぬげそうになるし、気をつけないと、頭までネチャネチャの中に埋まってしまう危険もあった。だから、トットちゃんは、左手のぞうり袋もネチャネチャの中に入れたまま、ずっと立っていた。ときどき通りかかる、だれか知らないおばさんに、

「あの……。」

と、小さい声でいうんだけど、みんな遊んでるのかと思って、ニコニコして行ってしまうのだった。

夕方、薄暗くなったころ、探しにきたママは、びっくりした。砂の山からトットちゃんが、顔を出していたのだから。ママは棒を探してきて、それの片方をトットちゃんに渡すと、ひっぱって、山から出してくれた。手でひっぱったら、ママの足もネチャネチャの中に入ってしまうからだった。ほとんど、全身、ねずみ色の壁みたいになってるトットちゃんに、ママはいった。

「この前もいったけど、なにかおもしろいもの見つけたとき、すぐ、とびこんじゃダメなの。よく、そばに行って、調べてからにしてちょうだい！」

この前というのは、学校の昼休みのことだったけど、トットちゃんが講堂の裏の細い道を、ぶらぶら歩いていると、道のまん中に、新聞紙が置いてあった。（おもしろそう！）

そう思ったトットちゃんは、

「わーい!!」

というと、いつものように、すこしうしろにさがって、ポン……ととび上がって、はずみをつけ、新聞紙の、まん中めがけて全速力で、かけてとびのった。ところが、それは、この前、お財布を落とした、あのトイレの汲み取り口で、小使いのおじさんが、仕事の途中に出かけるかなにかで、におうといけないので、コンクリートのふたを取った、その上に、新聞紙をのせて置いてあったのだった。だから、トットちゃんは、そのまま、「ドボン！」と、トイレの中に落ちたのだった。そのあと、いろいろたいへんだったけど、とにかく、運よく、トットちゃんは、きれいな子にもどった。そのときのことを、ママはいったのだった。

「もう、とびこまない。」

トットちゃんは、壁みたいに静かにいった。ママは安心した。ところが、そのあとの、トットちゃんのいったことを聞いて、（やっぱり安心するのは早かった。）と、ママは思った。なぜなら、トットちゃんが、そのあとで、こういったからだった。

「新聞紙と、砂の山には、もうとびこまない。」

……つまり、ほかのものなら、また、とびこむにちがいないことは、ママに、はっきりと、したのだった。

そろそろ、日の暮れるのが、早くなってきていた。

「それからさあー。」

ふだんでも、みんなが楽しみにしてる、トモエのお弁当の時間に、最近になって、おもしろいことが、また増えた。

トモエのお弁当の時間は、今までは、校長先生が、全校生徒五十人の「海のものと山のもの」の、おかずの点検があって、その海か山か、どっちかが足りないとわかった子に、校長先生の奥さんが、両手にひとつずつ持って歩いている海と山の、おなべから、おかずが配られて、それから、〽よーくかめよ　食べものを……を、みんなでうたって、「いただきまーす。」になったのだけど、今度から、この「いただきまーす。」のあとに、「だれかさんの、〝おはなし〟」というのが入ることになったのだ。

このあいだ、校長先生が、

「みんな、もっと話が上手になったほうが、いいな。どうだい、今度から、お弁当のとき、みんなが食べてる間、毎日、ちがうだれかさんが、ひとり、みんなの輪のまん中に入って、お話する、ってのは？」

といった。子どもたちは、（自分で話すのは上手じゃないけど、聞くのはおもしろいな。）とか、（わあー、みんなにお話してあげるのなんか、スッゴク好き。）とか、いろんなふうに考えた。トットちゃんは、（どんなお話をすればいいか、まだわかんないけど、やってみる！）と思った。


こんなわけで、ほとんどが校長先生の考えに賛成だったので、つぎの日から、この「おはなし」が始まったのだった。


校長先生は、自分の外国生活の経験から、ふつう、日本では「ご飯のときは、だまって食べなさい。」と、家でいわれている子どもたちに、

「食事というのは、できるだけ楽しく。だから、急いで食べないで、時間をかけて、お弁当の時間には、いろんな話をしながら食べていい。」

といつもいっていた。そして、もうひとつ、

（これからの子どもは、人の前に出て、自分の考えを、はっきりと自由に、はずかしがらずに表現できるようになることが、絶対に必要だ。）

と考えていたから、そろそろ始めてみよう、と決めたのだった。だから、校長先生は、みんなが、

「賛成！」

といったとき、こういった。トットちゃんは一生懸命に聞いた。

「いいかい。上手にお話しようとか、そんなふうに思わなくていいんだよ。そして話も、自分のしたいこと、なんでもいいからね。とにかく、やってみようじゃないか？」

なんとなく順番も決まった。お話をする番になった人だけは、〽よーく　かめよ……をうたったら、一人だけ、いそいで食べていいことも決まった。

ところが、三人ぐらいとかの、小さいグループの中で、休み時間に話すのとちがって、全校生徒、五十人のまん中で話す、というのは、勇気もいるし、むずかしいことだった。はじめのころは、照れちゃって、ただ「イヒイヒイヒイヒ」笑ってばかりの子や、必死になっ

て考えてきたのに、出たとたんに忘れちゃって、話の題名らしい、「蛙の横っちょ飛び」というのだけを何回も、くり返したあげく、けっきょく、

「雨が降ると……、おしまい。」

といって、おじぎをして席に帰る子もいた。

トットちゃんは、まだ番がこなかったけど、きたら、やっぱり、自分のいちばん好きな、「お姫さまと王子さま」の話にしよう、と決めていた。でも、トットちゃんの「お姫さまと王子さま」の話は有名で、いつもお休みの時間にしてあげると、みんなが、「もうあきたよ。」というぐらいだったけど、やっぱり、それにしよう、と思っていた。

こうやって、毎日、かわりばんこに前に出て話す習慣がすこしずつついてきた、ある日、絶対に順番がきても、「しない。」といいはる子がいた。それは、

「話は、なんにもない！」

という男の子だった。トットちゃんは、(話なんかない。)という子がいたことに、とても、びっくりした。ところが、その子は、ない！　のだった。校長先生は、その子の空になったお弁当箱ののった机の前にいくと、いった。

「君は話が、ないのかあ……。」

「なんにもない！」

その子は、いった。決して、ひねくれたり、抵抗してるんじゃなくて、ほんとうにないようだった。

校長先生は、

「ハ、ハ、ハ、ハ。」

と、歯のぬけているのを気にしないで笑って、それからいった。

「じゃ、作ろうじゃないか！」

「作るの？」

その子は、びっくりしたようにいった。

それから校長先生は、その子を、みんなのすわってる輪のまん中に立たすと、自分は、その子の席にすわった。そして、いった。

「君が、今朝、起きてから、学校にくるまでのことを、思い出してごらん！　最初に、なにをした？」

その男の子は、頭の毛をボリボリかきながら、まず、

「えーと。」

といった。そしたら校長先生がいった。

「ほら、君は、『えーと。』っていったよ。話すこと、あったじゃないか。『えーと。』のつぎは、どうした？」

するとその子は、また頭をボリボリかきながら、

「えーと、朝起きた。」

といった。トットちゃんやみんなは、すこし、おかしくなったけど、注目していた。それから、その子は、

「そいでさあー。」

といって、また、頭をボリボリやった。先生は、じーっと、その子のようすを、ニコニコした顔で、手を机の上に組んで見ていたけど、そのとき、いった。

「いいんだよ、それで。君が朝起きた、ってことが、これで、みんなにわかったんだから。おもしろいことや、笑わせること話したからえらいっていうことじゃないんだ。『話

がない！』っていった君が、話を見つけたことが、大切なんだよ。」

するとその子は、すごく大きな声で、こういった。

「それからさあー。」

みんなは、いっせいに身をのり出した。その子は、大きく息を吸うと、いった。

「それからさあー、お母さんがさあー、歯をみがきなさい、っていったから、みがいた。」

校長先生は拍手した。みんなも、した。すると、その子は、前よりも、もっと大きい声で、いった。

「それならさあー。」

みんなは拍手をやめ、もっと耳を澄ませて、ますます身をのり出した。その子は、得意そうな顔になって、いった。

「それからさあー、学校にきた！」

身をのり出した上級生の中には、すこしつんのめったのか、お弁当箱に、頭をぶつける子もいた。でも、みんなは、とてもうれしくなった。

（あの子に、話があった！）

先生は大きく拍手をした。トットちゃんたちも、うんとした。まん中に立ってる「それからさあー」の子も、いっしょになって、拍手をした。講堂は、拍手だらけになった。

この拍手のことを、この子は、おそらく大人になっても、忘れないにちがいなかった。

ふざけただけなんだ

今日は、トットちゃんに大事件が起こった。それは、学校から帰ってきて、晩ご飯までの間、ちょっと遊んでるときのことだった。はじめは、冗談から始まったのだけれど、トットちゃんの部屋で、トットちゃんとロッキーが、「狼ごっこ」をしてるときに、それは起こった。

「狼ごっこ」の前は、ふつうみたいに、おたがいが、部屋の反対側から、ゴロゴロころがってきて、ぶつかったところで、すこし、おすもうみたいに、とっ組み合いをすこしやって、すこしやったら、「パッ!」と離れるのを、くり返していた。そのうち、もうすこし、「むずかしいのをやってみよう。」ということになって……といっても、トットちゃんが一

方的に決めたんだけど……、ゴロゴロころがってきて、ぶつかったとき、

「狼みたいに見えたほうが勝ち！」

というのをやろう、ということになった。シェパードのロッキーにとって、狼になるのは、そうむずかしいことじゃなかった。耳をピーンとさせて、口を大きくあければ、歯は奥のほうまで、いっぱいあったし、目だって、こわくできた。でも、トットちゃんにとっては、すこしたいへんだったけど、とにかく両手を耳みたいに頭のところにやって、口をできるだけ大きくあけ、目だって、精いっぱい大きくして、

「ウ〜、ウ〜。」

とうなって、ロッキーにかみつくまねをした。ロッキーも、初めは、上手に、まねをした。ところが、こうやって狼みたいにやってるうちに、まだ子どものロッキーには、冗談と本当の見境がつかなくなってきて、突然、まねじゃなくて、ほんとうにかみついた。

子どもといっても、体はトットちゃんの倍近くあったし、歯だって、とがっていたから、トットちゃんが、「あっ！」と思って気がついたときは、トットちゃんの右の耳が、ブラブラになっていた。血がダラダラ、いっぱい出てきた。

「あーあ!!」

叫び声で、ママがお台所からとんできたとき、トットちゃんは、右の耳を両手で押さえて、ロッキーと部屋の隅っこのほうにいた。洋服も、そのあたりも、血でいっぱいだった。応接間でヴァイオリンの練習をしていたパパも、とんできた。ロッキーは、今になって、自分がたいへんなことをしたことに気がついたのか、しっぽをたらし、トットちゃんの顔を上目づかいに見た。

このとき、トットちゃんの頭の中には、ひとつのことしかなかった。それは、

(もし、パパとママが、すごく怒って、ロッキーを捨てたり、よそにやったりしたら、どうしよう。)

ということだった。トットちゃんにとって、なによりも、それは、悲しくて、こわいことだった。だから、トットちゃんは、ロッキーにくっついて、うずくまって、右の耳を押さえながら、大きな声で、くり返し、こういった。

「ロッキーをしからないで! ロッキーをしからないで!」

パパとママは、そんなことより、耳がどうなったのか知ろうとして、トットちゃんの手

を耳からどかそうとした。トットちゃんは、手を離さないで、叫ぶようにいった。

「痛くなんかない！　ロッキーのこと、怒らないで！　怒らないで！」

トットちゃんは、このとき、ほんとうに痛さは感じていなかった。ロッキーのことだけが心配だった。

そういってる間にも、血がどんどん流れていた。パパとママに、やっとロッキーがかんだらしい、ということがわかったけど、とにかく、「怒らない。」と約束した。それで、やっと、トットちゃんは、手を離した。ブラブラになってる耳を見て、ママは悲鳴をあげた。それから、ママが道案内をして、パパが、トットちゃんをかかえて、耳のお医者さまに行った。とにかく、手当てが早かったのと、運がよかったのとで、耳は、もと通りに、つく、ということがわかった。パパとママは、やっと安心した。でも、トットちゃんは、パパとママが、「怒らない。」っていう約束を守ってくれるかだけが、心配だった。

トットちゃんは包帯で、頭から、あごから、耳から、グルグル巻きにされてまるで白うさぎのようになって、家に帰った。怒らないと約束したけど、パパは、（ひとこと、ロッキーにいわなくては気がすまない。）と思っていた。でも、ママが、「約束したんだから。」

と目で知らせて、パパは、やっと我慢した。

トットちゃんは、ロッキーに、「もう大丈夫！　だれも怒っていない。」ということを、早く知らせたくて、いそいで家に入った。でも、ロッキーは、どこにも見えなかった。このとき、トットちゃんは、はじめて、泣いた。お医者さまのところでも、一生懸命、我慢して、泣かなかったのに。泣けば、その分だけロッキーがしかられると思ったから。でもいまは、涙が止まらなかった。泣きながら、トットちゃんは、名前を呼んだ。

「ロッキー！　ロッキー！　いないの？」

なんどか呼んだとき、トットちゃんの涙でいっぱいの顔が、ニッコリした。だって見なれた茶色の背中がソファーのうしろから、すこしずつ見えてきたから……。ロッキーは、トットちゃんに近づくと、包帯のすき間から見えてる、トットちゃんの、大丈夫のほうの耳を、そーっと、なめた。トットちゃんは、ロッキーの首を抱くと、耳の中のにおいをかいだ。パパもママも、「くさい。」というけど、トットちゃんには、なつかしく、いいにおいだった。

ロッキーもトットちゃんも疲れてねむくなった。

夏の終わりの月は、前よりもっと仲良くなった、この包帯だらけの女の子と、もう絶対に「狼ごっこ」をやらない犬を、庭のすこし上のほうから、見ていたようだった。

運動会

トモエの運動会は「十一月三日」と決まっていた。それは、校長先生が、いろんなところに問い合わせた結果、秋で、雨の降ることがもっとも少ないのが、この十一月三日とわかったので、そう決めて以来、毎年、この日にやることになっていた。前の日から、すっかり校庭にいろんな準備や飾りつけをして楽しみにしてる子どもたちの運動会に、できるかぎり雨が降らないでほしいと願う校長先生の、お天気データ集めが成功したのか、その気持ちが、空の雲や、お日さまに通じたのか、ほんとうに不思議なくらい、この日は雨が降らなかった。

ところで、トモエ学園にはずいぶんいろんなことが、ふつうの学校とちがっていたけど、運動会は、とりわけユニークなものだった。ふつうの小学校と同じものは、綱引きと、二人三脚くらいのもので、あとはぜんぶ、校長先生の考えた競技だった。それも、特別な道具を使うとか、おおげさなものは、なにひとつなく、すべて、学校にあるおなじみのもので、まにあった。

たとえば、「鯉のぼり競争」というのは、出発点から、ヨーイドン！で、すこし走って、校庭のまん中に置いてある、というか、寝ている、大きい布の鯉のぼりの、口から入って、しっぽから出て、また出発点まで帰ってくる、というのだった。鯉は、青い色が二匹と赤いのが一匹で、合計三匹いたから、三人が同時にヨーイドン！で出発した。でも、これは、やさしいようで、案外むずかしかった。というのは、中に入ると、まっ暗で、胴体が長いから、しばらくゴソゴソやってるうちに、どっちから入ったのかわからなくなって、トットちゃんみたいに、なんども、鯉の口から顔を出して外を見ては、また、いそいで中に、もぐっていく、というふうになってしまうからだった。これは、見ている子どもたちにとっても、おもしろかった。というのは、なかでだれかがゴソゴソ行ったり来たりしていると、まるで、鯉が生きてるように見えたから。

それからまた、「お母さん探し競争」というのもあった。これは、ヨーイドン！で、すこし走って、横に長く置いて立ててある、木のはしごの、段と段の間を通りぬけ、そのむこうにあるかごの中の封筒から、紙を取り出し、たとえばそれに、

「サッコちゃんのお母さん」

と書いてあったら、見物人の中に行って、サッコちゃんのお母さんを探し、手をつないでゴールインするのだった。これは、横にしてあるはしごの四角い穴をくぐるのだから、よほど猫みたいに、うまくやらないと、お尻とかがひっかかった。それから、

「サッコちゃんのお母さん」

だったら知ってても、

「奥先生のお姉さん」とか、「津江先生のお母さん」とか、「国則先生の息子さん」になると、あったことがないから、見物人のところに行って、

「奥先生のお姉さん!」

と、大きい声で呼ばなきゃならなかったから、すこし勇気も必要だった。だから、偶然、自分のお母さんにあたった子は、大よろこびで、

「お母さん! お母さん! 早く!」

と、飛び上がりながら叫ぶのだった。そして、この競技は、子どももだけど、見物人も、しっかりしてることが必要だった。子どもがつぎつぎに走ってきて、だれかのお母さんの名前をいうから、呼ばれたお母さんは、ぼんやりしてないで、すぐ、すわっているベンチや、ゴザのところから立ち上がって、ほかのすわってるお父さんやお母さんたちの間を、「おそれいります。」なんていいながら、しかも、急いで、すりぬけて、だれかの子どもと手をつないで走らなくちゃいけなかったし。だから、お父さんたちも、子どもが走ってきて、大人の前に止まると、いっせいに息を止めて、だれの名前をいうか、その子どもに注目した。そんなわけで、大人たちも、雑談したり、なにか食べてる暇はなく、いつも子どもたちと、いっしょにやってる気分だった。

綱引きは、校長先生を始め、ぜんぶの先生も二組にわかれて、子どもたちの中にまじって、

「オーエス、オーエス!!」

とひっぱった。綱のまん中の、ハンカチのしばってあるところに、いつも注意して、

「どっちの組が勝ち!」

というのは、泰明ちゃんとか、体が不自由で、ひっぱることのできない子どもたちの役目だった。

そして、最後の全校リレーが、また、トモエらしいのだった。なにしろ、リレーといっても、長く走るところは、あまりなく、勝負どころは、学校の中央にあたる、つまり門にむいて、お扇子形に広がっている、講堂に上がるコンクリートの階段を、かけのぼって、かけおりてくる、という、ほかには類のないリレーコースだった。ところが、一見、たわいなく見えるのに、この階段の一段一段の高さが、ふつうの階段より、ずーっと低く、傾斜がゆるく、しかも、このリレーのときは、何段も一足とびにやってはいけなくて、ていねいに、一段一段登って一段一段降りてくる、というのだから、足の長い子や、背の高い子には、むしろ、むずかしかった。でも、これは、子どもたちにとって、毎日、お弁当の時間にかけ上がる階段が、「運動会用」となると、また別のもののように思えておもしろく、新鮮で、みんなキャアキャアいって、上がったり、降りたりした。それは遠くから見ていると、美しく、万華鏡のようにさえ、見えた。階段は、てっぺんまで入れて、八段あった。

さてトットちゃんたち一年生にとって、初めての運動会は、校長先生の希望どおり、晴天で始まった。みんなで、前の日から、折り紙で作った、くさりとか、金色の星とか、いっぱい飾ったからとってもお祭りみたいだったし、レコードの音楽も気持ちがウキウキするようなマーチだった。

トットちゃんは、白いブラウスに、紺のショートパンツ、という、いでたちだった。ほんとうは、絶対に、ひだのたくさんはいった、ブルーマーがよかったんだけど……。トットちゃんは、ブルーマーにあこがれていた。それは、この前、トットちゃんたちの授業が終わったあと、校長先生が幼稚園の保母さんたちに、校庭でリトミックの講習というのをしてるとき、数人の女の人が、ブルーマーをはいていて、それがトットちゃんの目をひいたのだった。なぜ、ブルーマーがよかったかというと、そのブルーマーをはいたお姉さんが、足を、「トン！」と地面につけると、ブルーマーから出ているももが、〝プルルン〟とゆれて、それがなんとも、大人っぽくてトットちゃんは、

（いいなあ。）

と、あこがれたのだった。だからトットちゃんは、走って家に帰ると、自分のショートパンツをひっぱり出し、「トン！」とやってみた。でも、まだ一年生の女の子の、やせたも

もでは、〝プルルン〟にならなかった。なんどもやってみた結果、トットちゃんは、こう考えた。

「あのお姉さんのはいていたのなら〝プルルン〟になる！」

ママにお姉さんのはいてたのを説明したら、それが〝ブルーマー〟というものだとわかった。だからトットちゃんは、絶対に運動会には、「ブルーマー」とママにたのんでいたんだけど、小さいサイズが手に入らないということで、残念ながら、〝プルルン〟なしの、ショートパンツ、というのが、今日のトットちゃんの、いでたち、というわけだった。

さて、運動会が始まって、おどろくことが起こった。それは、どの競技も（たいがい全校生徒がいっしょにやるのだけれど）、学校で、いちばん、手足が短く背の小さい、高橋君が一等になっちゃうことだった。それはほんとうに信じられないことだった。みんなが、モゾモゾしてる鯉のぼりを、高橋君は、ササーッ！と通りぬけてしまったし、はしごに、みんなが頭をつっこんでるころ、すでにはしごをくぐった高橋君は、さっさと何メートルも先を走っていた。そして講堂の階段のぼりのリレーにいたっては、みんながブキッチョに、一段一段やってるとき、高橋君の短い足は、まるでピストンのように一気にのぼりつめ、映画の早まわしフィルムのように、降りてきた。けっきょく、みんなが、「高橋君に勝とう!!」と、誓い合い、真剣にやったのにもかかわらず、ぜんぶ、一等になったのは、高橋君だった。トットちゃんもずいぶん、がんばったけど、一つも高橋君には勝てなかった。ふつうに走るところでは勝つけれど、その先の、いろんなことで、けっきょく、負けちゃうのだった。高橋君は、自慢そうに、鼻をすこしピクピクさせ、うれしさと喜びを、いっぱいに体で表現しながら、一等のごほうびを受けとった。どれも一等だから、いくつも、受けとった。みんなは、うらやましく、それを見ていた。

「来年は高橋君に勝とう!」

みんな、心の中でそう思った。(でも、けっきょく、毎年、運動会の花形は、高橋君になるのだけど……。)

ところで、この運動会の、ごほうびというか、賞品が、また校長先生らしいものだった。なにしろ、一等が「大根一本」、二等が「ゴボウ二本」、三等が「ホウレン草一束」というぐあいなんだから。だからトットちゃんは、ずいぶん、大きくなるまで、運動会のごほうびは、「どこでも、野菜」だと思っていたくらいだった。

そのころ、ほかの学校では、たいがい、ノートや鉛筆や、消しゴムなどだった。でも、ほかの学校のことを知らなくても、みんな、野菜というのには、すこし抵抗があった。というのは、トットちゃんにしても、ゴボウとおねぎをいただいたんだけど、それを持って電車に乗るのはなんだか、はずかしい気がした。そして、この野菜のごほうびは、三等以下にも、いろんな名目で配られたから、運動会の終わったとき、トモエの生徒、みんなが野菜を持っていた。なんで野菜を持って学校から帰るのが恥ずかしいのか、よくわかんなかったけど、「ちょっと、かわってる。」といわれるといやだといった子も、いたようだった。お母さんにたのまれて、家から、おつかいカゴなんか持って八百屋さんに行くのなら、はずかしくないんだけど。

キャベツがあたったデブの男の子は、持ちにくそうに、あれこれ、かかえかたを研究してたけど、とうとう、

「やーだよ。こんなの持って帰るの、はずかしいよオー。捨てちゃおうかなあー。」

といった。校長先生は、みんながグズグズいってるらしいって聞いたのか、ニンジンだ

の、大根だのを、ぶら下げてるみんなのところにきて、いった。

「なんだ、いやかい？　今晩、お母さんに、これを料理してもらってごらん？　君たちが自分で手に入れた野菜だ。これで、家の人みんなの、おかずができるんだぞ。いいじゃないか！　きっと、うまいぞ！」

そういわれてみると、たしかにそうだった。トットちゃんにしても、自分の力で、晩ご飯のおかずを手に入れたことは、生まれて初めてだった。だから、トットちゃんは、校長先生にいった。

「わたしのゴボウで、キンピラをママに作ってもらう！　おねぎは、まだわかんないけど……。」

そうなると、みんなも口々に、自分の考えた献立を先生にいった。先生は、顔をまっ赤にして笑いながら、うれしそうにいった。

「そうか！　わかってくれたかい？」

校長先生は、この野菜で、晩ご飯を食べながら、家族で楽しく、今日の運動会のことを話してくれたらいい、と思ってたかもしれない。そして、とくに、自分で手に入れた一等賞で、食卓があふれた高橋君が、「その、よろこびをおぼえてくれるといい。」背がのびない、小さい、という肉体的なコンプレックスを持ってしまう前に、「一等になった自信を、忘れないでほしい。」と校長先生は考えていたにちがいなかった。そして、もしかすると、もしかだけど、校長先生の考えたトモエふう競技は、どれも高橋君が一等になるように、できていたのかも、しれなかった……。

小林一茶

生徒たちは、校長先生を、

「小林一茶！　一茶のおやじのはげ頭！」

などと呼ぶことが、よくあった。それは、校長先生の名前が「小林宗作」であり、また、校長先生が、よく俳句の話をして、なかでもすばらしいのが、「小林一茶」である、といつもいっていたから、生徒たちは、両方をまぜて、先生をそう呼び、校長先生はもちろんだけど、一茶さんをも、友だちのように思っていた。先生は、一茶の句が率直であり、生活の中から出ていることが好きだった。

何十万人いたかわからない当時の俳人の中で、だれにもまねのできない自分だけの世界を作り、こんな、子どもみたいな句が作れる人を尊敬もし、うらやましくも思っていた。だから、折あるごとに、子どもたちに一茶の句を教え、子どもたちも、みんなそれを暗唱していた。

「やせ蛙　負けるな一茶　これにあり」

「雀の子　そこのけそこのけ　お馬が通る」

「やれ打つな　蝿が手をする　足をする」

それから、小林先生が即興に作曲したメロディーで、

「われときて　遊べや　親のない雀」を、みんなでうたうこともあった。授業の中に、はっきり入っていたわけではないけれど、校長先生の「俳句」の時間は、よくあった。

トットちゃんの初めて作った俳句、

「のらくろは　兵隊やめて　大陸へ行く」

……自分の思ってることを、正直に句にしてごらん、と校長先生はいったけど、トット

ちゃんの句は、俳句とはいえなかった。でも……〝そのときトットちゃんが、なにに関心を持っていたか〟は、少なくとも、これでよくわかった。数えてみると、五・七・五ではなくて、五・七・七になっちゃったけど、一茶のおじさんだって、

「雀の子　そこのけそこのけ　お馬が通る」

では、五・八・七だから（いいや！）と、トットちゃんは思ったのだった。

九品仏に散歩に行くとき。雨が降って、みんな外で遊べないで講堂に集まったとき。トモエの小林一茶は、子どもたちに、俳句のこと、また俳句を通して、人間について、自然について、考えることを教えた。そして、一茶の句はトモエに、合っていた。

雪とけて　村いっぱいの　子どもかな（一茶）

とっても不思議！

トットちゃんは、きのう、生まれて初めて、お金をひろった。どこでひろったかといえ

ば、それは、学校から帰ってくる電車の中だった。自由が丘から大井町線に乗って、つぎの、緑が丘の駅につく前に、大きいカーブがあって、いつも電車がキキィーと傾くから、トットちゃんはきのうも、ちゃんと両足をふんばって、オットトット！　なんて、ならないように準備していた。トットちゃんの立つ場所は、走ってる電車の最後尾の、進行方向にむかって右側のドア、といつもきまっていた。それは、自分の駅についたら、右が開くから、すぐ降りられるし、駅の階段に、いちばん近いのが、このドアだったからだった。

　さて、きのうのことだけど、キキィーとなった！　と思ったとき、トットちゃんは足の近くに、ちょっと、お金みたいなものが落ちているのに気がついた。でも、前にお金だと思ってひろったら、ボタンだったこともあったから、

（よく見てから、お金かどうか、考えよう。）

と思って、キキィーのあと、電車が、まっすぐになってから、顔を近づけて、よく見てみた。それは、まぎれもなく、お金で、五銭玉だった。そのへんのだれかが落として、それが、傾いたときに飛んできたのかと思ったけど、そのとき、そこに立っているのは、トットちゃんだけだった。

（どうしよう？　……。）

そのとき、「お金をひろったときは、すぐ交番へ。」って、だれかがいったことを思い出した。

（でも、電車の中に交番は、ないじゃないの？）

そのとき、最後部の車掌室にいた車掌さんが、ドアを開けて、トットちゃんのいる車両に入ってきた。そのとき、どんなことが、トットちゃんの頭に浮かんだのか、トットちゃんは自分でも、よくわかんなかったけど、とっさに、その五銭玉の上に、右足をのっけてしまった。顔見知りの車掌さんは、トットちゃんを見るとニコニコした。でもトットちゃんは、右足の下が気になって、心から笑うことはできなかったけど、すこしは、笑った。

そのとき電車は、トットちゃんの降りる駅の一つ前の大岡山につき、反対側のドアが開いた。ところが、どういうわけか、いつもより大人がいっぱい乗りこんできて、トットちゃんを押した。右足を動かすわけにいかないから、トットちゃんは必死にふせいだ。ふせぎながら、こう考えていた。

（降りるとき、このお金を持って降りて、交番にとどけることにする！）

でも、また、そこで新しい考えが浮かんだ。

(でも、足の下から、お金を取るとき、もし、大人が見たら、どろぼう! と思うかもしれない!)

そのころの五銭というお金は、小さいキャラメルが一箱か、板チョコが一枚、買えるくらいの金額だった。だから、大人にすれば、たいした額じゃないけど、トットちゃんにとっては、大金だったから、とても心配になった。

(そうだ! 「あっ! わたし、お金おとしたから、ひろわなくちゃ。」って小さい声でいってから、ひろえば、みんなが、わたしのお金だと思うにちがいない!)

でも、またすぐ、ちがう心配の考えが浮かんだ。

(もし、そんなことわたしがいって、みんながわたしを見たら、だれかが、「それは、おれのだ。」っていうかもしれない。そしたら、こわくなっちゃう……。)

いろいろ思いめぐらした結果、降りる駅の近くになったとき、しゃがんで、くつのひもを結ぶふりをして、そーっと、ひろうことを思いつき、それに成功した。

汗びっしょりで、五銭玉を手にプラットホームに降り立ったとき、トットちゃんは、とっても疲れたような気がした。そして、ここから、うんと遠い交番まで、とどけに行ったら、おそくなって、ママが心配する、と思った。だから、駅の階段をトントンと降りながら真剣に考えて、こういうことにすることに決めた。

（今日は、だれも知らないところにしまっておいて、あした、学校に行くとき持っていって、みんなに相談する。それに、お金ひろった子なんていないんだから、「これが、ひろったお金！」って見せてあげなきゃ。）

それから、トットちゃんは、お金のかくし場所について考えた。家に持って帰ったら、ママが、

「これ、どうしたの？」

って聞くかもしれないから、家じゃないところ。

そこで、駅のすぐそばの、木のしげみの中に、もぐってみた。そこはだれからも見られないし、だれかが入ってくる心配もなさそうで、とても安全に見えた。トットちゃんは、棒で小さな穴を掘り、そのまん中に、大切な五銭玉を入れ、土を充分にかけた。そして、目じるしに、形のかわった石を見つけてきて、その上にのせた。それからトットちゃん

は、しげみを出ると、大急行で家にむかって、かけだした。

その夜、いつもだと、「もう寝る時間よ！」とママにいわれるまで、学校のことをしゃべるんだけど、あんまりしゃべらずに、早く寝た。

そして、今日の朝！（なんだか、とても大切なことがあった！）というふうな感じで目が覚めて、それが、（秘密の宝物のことだった。）と思い出したとき、トットちゃんは、とても、うれしかった。

いつもより、すこし早く家を出たトットちゃんは、ロッキーと、かけっこをしながら、しげみに、とびこんだ。

「あった！　あった！」

きのう、トットちゃんが、ちゃんと置いといた、目じるしの石が、ちゃんと、そのままだった。トットちゃんは、ロッキーに、

「いいもの見せてあげるからね。」

といって、石をどかして、そーっと穴を掘った。ところが、こんなに不思議なことは、またとない、と思うんだけど、あの五銭玉は消えていた。トットちゃんは、こんなにびっく

りしたことはなかった。〝だれかが、かくすところを見てたのかな？〟とか、〝石が動いたのかな？〟とか、いろいろ推理をして、あっちこっち掘ったりしてみたけど、ついに、五銭玉は、どこからも出てこなかった。トットちゃんは、トモエのみんなに見せてあげられなくなったことが、とても残念だったけど、それよりも、「不思議！」と思うほうが強かった。

その後も、そこを通るたびに、しげみに、もぐって掘ってみたけど、二度とふたたび、あの、ひろった五銭玉は出てこなかった。

（もぐらが持ってったのかなあ？）

とか、

（あれはきのうの夢だったのかな？）

とか、

（神様が見てたのかな？）

とか、トットちゃんは考えた。でもどんなふうに考えてみても、これは不思議なことで、いつまでも、いつまでも、忘れられない不思議なことだった。

手でお話

今日の午後、自由が丘の改札口の近くのところで、トットちゃんより、すこし大きい男の子が二人と、女の子が一人、ちょっと見ると、ジャンケンをしてるのかな？　と思うような格好で話していた。でもよく見ると、それはジャンケンの、チョキとグーと、パーより、いっぱい、いろんな形があったから、（とてもおもしろそうだ！）と、トットちゃんは思って、近くに寄って、よく見てみた。三人は、話してるみたいだけど、声は出していなくって、一人、だれかが手を動かして、いろんな形をやると、つぎのだれかが、それを見ていて、すぐ、別のなにか形を手で、いろいろやって、三人めが、すこしやると、突然、とってもおもしろそうにすこし声を出して、大笑いをしたりした。だから、トットちゃんは、しばらく見ているうちに、それは、手でお話しているのだとわかった。

（わたしも、手でお話、できたらいいのになあ。）

と、トットちゃんは、うらやましく思った。で、仲間に入ろうか、と思ったけど、どうやっって、お話ししたら失礼だと思って、トモエの生徒じゃないのに、東横線のホームに上って行ってしまうまで、だまったまま、そってやるのかわからないし、トットちゃんは、三人が、れを見ていた。そして、いつか必ず、

「わたしも入れて？」

て、手で、

「わたしも、みんなと、手でお話する人になる！」

と、心の中で決めていた。


まだ、トットちゃんには、耳の不自由な人がいる、ということや、その子たちが、トットちゃんと同じ大井町線の終点の大井町にある、府立のろうあ学校の生徒だ、ということも、わかっていなかった。

ただ、トットちゃんにとっては、目を輝かして、相手の指の動きを見ている子どもたちが、とても美しいと思え、いつか、お友だちになりたい、と、そんなふうに考えていたのだった。

泉岳寺

トモエの小林先生の教育方法は、独特であったけど、多分に、ヨーロッパや、その他の外国の影響も、うけていた。たとえば、リトミックをはじめとする新しいリズム教育。お食事や、お散歩のときなどのマナー。お弁当のときにうたう、

〽よーく　かめよ　食べものを……

は、イギリスの、

〽ロー　ロー　ロー　ユアー　ボート

の替え歌だったし、そのほかにも、いろいろあった。ところが、この小林校長先生の、片腕というか、ふつうの学校なら、教頭先生にあたる、丸山先生という先生は、まったく、ある点、小林先生とちがっていた。丸山先生は、名前の丸と同じに、まんまるい頭で、そのてっぺんには毛が一本もなくて、ツルツルだけど、よく見ると、耳の横から、うしろにかけては、短くて光っている白い毛が、ずーっと生えている、というところや、ま

んまるい眼鏡に、まっ赤なほっぺたという、見たところが、まず小林先生とはちがっていたけど、それよりも、ときどき、

〽ベンケイ　シクシク　夜　河をわたる

という詩吟をみんなに聞かせるところが、とてもちがっていた。ほんとうは、

〽鞭声　粛粛　夜　河を過る

というのだけれど、トットちゃんたちは、弁慶が、シクシクと泣きながら、夜、川を渡っていくときの歌だと信じていた。それにしても、丸山先生の〽ベンケイ　シクシクは有名だった。

ところで、十二月の十四日のことだった。朝、みんなが学校に集まると、丸山先生は、いった。

「今日は、四十七士が討ち入りをした日なので、泉岳寺まで、歩いて、おまいりに行きます。おうちのほうには、もう連絡してありますから。」

小林先生は、この丸山先生の、やりたいことに、反対はしなかった。どう思っていたかは、わからないけど、反対しなかった、ということは、「悪くない。」と思っていたこと

になるのだから。それにしても、やっぱり、トモエと四十七士のお墓まいりというのは、なんとなく、とりあわせがおもしろい、と、トットちゃんのママなどは思っていた。出発の前に、丸山先生は、四十七士のだいたいの筋を説明した。なかでも、四十七士に武具を調達した、天野屋利兵衛という人が、幕府の役人に、どんなに追及されても、

「天野屋利兵衛は、男でござる。」

といって、仇討ちの秘密を、もらさなかった、というところを、くり返し、みんなに話した。生徒たちは、四十七士のことは、あまりよくわからなかったけど、授業がなくて、九品仏のお寺より、遠いところまで、お弁当を持って散歩に行く、ということに興奮していた。校長先生や、ほかの先生に、

「行ってまいりまーす。」

をして、全校生徒、五十人が、丸山先生を先頭に歩き出した。そのうち、列の、あっちでも、こっちでも、

「天野屋利兵衛は男でござる。」

という声が聞こえた。女の子も、大きい声で、

「……男でござる。」

などと叫んだから、道を歩く人は、笑ってふり返ったりした。自由が丘から泉岳寺までは、約三里（十二キロ）の道のりだった。でも車もほとんどなく、空は青い、十二月の東京。

「天野屋利兵衛は男でござる。」

を連発しながら、ゾロゾロ歩く子どもたちにとっては、ちっとも苦にならない道だった。

泉岳寺につくと、丸山先生は、みんなに、お線香や、水や、花を渡した。九品仏のお寺よりは、小さかったけど、お墓は、たくさん、並んでいた。

そして、ここに、「シジュウシチシ」という人が、おまつりしてあるのだ、と思うと、トットちゃんも、おごそかな気分になって、お線香や、お花をそなえて、だまって、丸山先生のするように、おじぎした。生徒たちの間に、静寂、というようなものが広がった。トモエにはめずらしく、静かになった。どのお墓の前のお線香も、長く長く、空に、煙で絵をかいていた。

その日以来、トットちゃんにとって、お線香のにおいは、丸山先生の、においになっ

た。そして、それは、また、

「ヘベンケイ　シクシク」

のにおいでもあり、

「天野屋利兵衛」

の、においでもあり、

「静か……」

の、においでもあった。


子どもたちは、ベンケイも四十七士も、あんまり、よくは、わからなかったけど、それを、熱をこめて、子どもたちに話す丸山先生を、小林先生とは、またちがった意味で、尊敬し、親しく思っていた。それから、丸山先生の度の強い、とても厚いレンズのむこうの、小さい目と、大きい体に似合わない、やさしい声を、トットちゃんは、大好きだと思っていた。

お正月は、もう、そこまできていた。

マサオちゃーん

トットちゃんが、家から駅に行ったり、帰ったりする途中に、朝鮮の人が、住んでいる長屋があった。トットちゃんには、もちろん、その人たちが、朝鮮の人、ということは、わからなかった。ただ、わかっていることは、そのなかの一人のおばさんが、髪の毛を、まん中から分けて、ひっつめに結っていて、すこしふとっていて、先のとがった、小さいボートみたいな白いゴムのくつに、長いスカートで、胸に大きく、リボンみたいのを結んだ洋服を着ていることと、いつも、大きな声で、

「マサオちゃーん！」

と、自分の子どもを探していることだった。ほんとうに、このおばさんは、いつも、いつも、マサオちゃんの名前を呼んでいた。それも、ふつうなら、

「マサオちゃん。」

というふうに、「サ」と「オ」にアクセントが、くるんだけど、このおばさんは、

「マサオちゃーん。」

と、「サ」だけが大きくなって、しかも、「ちゃーん」と、のばすところが、高い声になるので、それがトットちゃんには、悲しいみたいに聞こえた。

この長屋は、トットちゃんの乗る大井町線の線路に面していて、すこし高く、ガケのようになっているところにあった。

マサオちゃんを、トットちゃんは知っていた。トットちゃんより、すこし大きく、二年生くらいで、どこの学校に行っているのかは、わからなかったけど、モシャモシャの髪の毛をして、いつも犬を連れて、歩いていた。

あるとき、トットちゃんが、学校の帰りに、この小さいガケの下を通ったときだった。マサオちゃんが、そこに仁王立ちに立っていた。両手を腰にあてて、えらそうな格好で、突然、トットちゃんに、大きい声で叫んだ。

「チョーセンジン！」

それは、とても憎しみのこもった、鋭い声で、トットちゃんは、こわかった。そして、なんにも話をしたことも、意地悪をしたこともない男の子が、なにか、憎しみをこめて、高いところから、自分に、そんなこと、いったことにも、びっくりした。

トットちゃんは、家に帰ると、ママに報告した。

「わたしのこと、マサオちゃんが、チョーセンジン！　といった。」

ママは、トットちゃんの報告を聞くと、手を口にあてた。そして、みるみるうちに、ママの目に、涙が、いっぱいになった。トットちゃんはおどろいた。なにか、とても悪いことなのかと思ったから。すると、ママは、鼻の頭を赤くして、涙をふきもしないで、こういった。

「かわいそうに……。きっとみんながマサオちゃんに、『朝鮮人！　朝鮮人！』というんでしょうね。だから、『朝鮮人！』というのは、人に対しての悪口の言葉だと思っているのね。マサオちゃんには、まだ、わからないのよ、小さいから。よく、みんなが、悪口をいうとき、『ばか！』なんていうでしょう？　マサオちゃんは、そんなふうに、だれかに悪口をいいたかったので、いつも自分が、人からいわれているように、『チョーセンジン！』と、あなたに、いってみたんでしょう。なんて、みんなは、ひどいことをいうのかしらね……。」

それから、ママは涙をふくと、トットちゃんに、ゆっくり、こういった。

「トットちゃんは、日本人で、マサオちゃんは、朝鮮という国の人なの。だけど、あなたも、マサオちゃんも、同じ子どもなの。だから、絶対に、『あの人は日本人』とか、『あの人は朝鮮人』とか、そんなことで区別しないでね。マサオちゃんに、親切にしてあげるのよ。朝鮮の人だからって、それだけで、悪口いわれるなんて、なんて気の毒なんでしょう。」

トットちゃんは、まだ、そういうことは、むずかしかったけど、少なくとも、あのマサオちゃんが、理由なく、人から悪口をいわれている子どもだってことは、わかった。そして、だから、いつもお母さんが、マサオちゃんを心配して探しているのだろう、と考えた。だからつぎの朝、またガケの下を通ったとき、お母さんが、かん高い声で、

「マサオちゃーん!」

と呼んでるのを聞きながら、

(マサオちゃんは、どこに行ったのかしら?)

と思い、

（わたしはチョーセンジンという人じゃないらしいけど、もし、マサオちゃんが、またわたしに、そういったら、『みんな同じ子ども！』といって、お友だちになろう。）と考えていた。

それにしても、マサオちゃんのお母さんの声は、いらだたしい、という感じと、不安とがまざった、特別のひびきで、長く尾をひいていた。そして、それが、ときには、そばを通る電車の音に消されることもあった。でも、

「マサオちゃーん！」

それは、一度聞いたら、忘れられないくらい、寂しく、泣いているような声でも、あったのだった。

おさげ

トットちゃんの憧れは、このところ、〝ふたつ〟あった。ひとつは、この前の、運動会のブルーマー。もうひとつは、三つ編みの、おさげだった。電車の中で、大きいお姉さんの、おさげをみたとき、

（ああいう髪の毛の人になろう！）

と決めたのだった。

だから、みんなは短いオカッパ頭にしてたけど、トットちゃんは、横分けにして、すこしだけリボンで結び、毛は長くたらしていた。それは、ママの趣味でもあったけど、いつか、おさげにしよう、という気持ちが、トットちゃんにあったから。そして今日、とうとう、トットちゃんは、ママに、三つ編みの、おさげにしてもらったのだった。輪ゴムで先っちょを止め、細いリボンを結ぶと、もう上級生になったみたいでうれしかった。鏡で、どんなにステキか、確かめると、（ほんとうは、お姉さんたちにくらべると、毛も少なく、短くて、子豚のしっぽみたいだったんだけど）犬のロッキーのところに走っていって、だいじそうに、つまんでみせた。ロッキーは、目を二回か三回、パチパチさせた。トットちゃんはいった。

「あんたの毛も、おさげにできたら、いいのにね。」

それからトットちゃんは、「くずれるといけない！」と考えて、頭を動かさないようにして電車に乗った。もしかすると、電車の中で、

「あら、ステキな、おさげ!!」

なんて、だれかがいってくれないかな? などとも考えていたけど、だれもいってくれなかった。それでも学校につくと、同級生の、ミヨちゃんや、サッコちゃんや、青木恵子ちゃんが、

「わあ! おさげにしてる!」

と、いっせいにいったので、とても満足した。だから、みんなに、ちょっとずつ、三つ編みを、さわらしてあげたりもした。でも、男の子は、だれも、「わあ!」とは、いってくれないみたいだった。

ところが、お弁当の時間が終わったときだった。同級生の大栄君が、突然、

「あれえ? トットちゃんの毛、いつもとちがう!」

と、大きい声でいった。トットちゃんは、(男の子も気がついた!)と、うれしくなって、得意そうに、

「そう。おさげ。」

といった。すると大栄君は、トットちゃんのそばにきて、いきなり両手で、おさげをつか

むと、

「ああ、今日は疲れたから、ぶら下がるのにちょうどいい。電車の、つり革より、ラクチンだ！」

と、うたうようにいったのだった。そして、トットちゃんの悲しみは、それだけでは終わらなかった。というのは、大栄君は、クラスのなかでもいちばん、体が大きくてふとっていた。だから、やせてて小さいトットちゃんの倍くらいあるようにみえた。その大栄君が、

「ラクチンだ！」

といって、うしろにひっぱったから、トットちゃんは、よろけて、尻もちをついてしまったのだった。「つり革」なんていわれて傷ついて、しかも尻もちまでついたトットちゃんが、

「ワア!!」

と泣いたのは、つぎに、大栄君が、立たせてくれようとして、おさげを持ったまま、冗談に、

「オーエス！　オーエス！」

といって、運動会の綱引きみたいに、かけ声をかけて、ひっぱったときだった。

トットちゃんにしてみれば、おさげは、「大人の女の人になった。」という〃しるし〃のはずだった。だから、おさげをしているトットちゃんを見て、みんなが、

「おそれいりました。」

といってくれるとさえ思っていたのに……。トットちゃんは、

「ワアー!!」

と泣くと、そのまま走って、校長室まで行った。

トットちゃんが泣きながら、ノックをすると、校長先生は、ドアを開けて、いつもみたいに、トットちゃんと同じ目の高さになるまで、体を低くして、聞いた。

「どうしたんだい？」

トットちゃんは、おさげが、まだ、ちゃんとそのままになっているかどうか、たしかめてから、

「大栄君が、これをひっぱって、オーエス！　オーエス！　といった。」

といった。校長先生は、トットちゃんを見た。細くて短いおさげは、泣き顔と反対に、元

気そうで、踊ってるみたいだった。先生は、いすにかけ、トットちゃんを前のいすにすわらせると、ふだんのとおり、歯のぬけているのを気にしないでニコニコしていった。

「泣くなよ。君の髪は、ステキだよ。」

トットちゃんは、涙でビショビショの顔をあげると、すこし、はずかしそうに、いった。

「先生、これ好き？」

先生はいった。

「いいじゃないか。」

このひとことで、トットちゃんの涙がとまった。トットちゃんはいすから降りると、いった。

「もう、大栄君が、オーエス！　といっても、泣かない。」

校長先生は、うなずいてから笑った。トットちゃんも笑った。笑い顔は、おさげに似合った。

トットちゃんは、おじぎをすると、運動場に走っていって、みんなと遊び始めた。

そして、トットちゃんが、泣いたことを、ほとんど忘れかけたころだった。大栄君が、頭をかきかき、トットちゃんの前に立って、すこし間のびのした、大きい声で、こういった。

「ゴメン！ さっき、ひっぱって。校長先生にしかられたよ。女の子には親切に、だって。女の子は大切に、やさしくしてあげなきゃ、いけないってサ！」

トットちゃんは、すこしびっくりした。だって「女の子に親切にする。」なんてこと、これまで、聞いたことがなかったから。偉いのはいつも男の子だった。トットちゃんの知っている、子どものいっぱいいる家でも、いつも、ご飯でも、おやつでも、男の子から先だったし、なにかその家の女の子が、いうと、お母さんが、

「女の子は、だまってらっしゃい。」

といった。それなのに、校長先生は、「女の子を大切に。」って大栄君にいったんだ。トットちゃんは不思議な気持ちがした。それから、うれしい気もした。だれだって、大切にされるのは、うれしいことだもの。

大栄君にとっても、この日のことは、強いショックだった。（女の子には、やさしく、親切に！）そして、これは、いつまでも忘れられない思い出になった。どうしてかって、

いえば、大栄君がトモエにいた間、校長先生にしかられたのは、あとにも先にも、このときだけだったんだから。

サンキュー

冬休みになった。夏休みとちがって、学校に集まることはなくて、みんな、家族と過ごすことになっていた。右田君は、

「おじいちゃんのいる九州で、お正月をするんだ！」

と、みんなにいいふらしていたし、化学の実験の好きな泰ちゃんは、

「お兄さんと、どっかの物理の研究所に見学に行くんだ。」

と楽しみそうにしていた。みんなも、いろいろいいながら、

「またね、またね。」

と、別れていった。

トットちゃんは、パパやママと、スキーだった。パパのお友だちで、同じオーケストラ

のチェリストで指揮者の斎藤秀雄さんが、とても上等のおうちを、志賀高原に持っていた。そこに、毎年、冬に、おじゃまするようになっていたので、トットちゃんは、幼稚園のころから、スキーを始めていた。

駅から馬そりに乗って志賀高原につくと、真っ白の雪の世界で、リフトとか、なにもなくて、すべるところには、ときどき、木の切り株なんかが出っぱったりしていた。斎藤さんのおうちみたいのが、志賀高原にない人の泊まるところは、旅館が一つとホテルが一つあるだけと、ママがいっていた。でも、おもしろいことに、とても外国の人が多かった。

それまでの年と今年とでトットちゃんがちがうことは、一年生になったことと、英語をひとつ、おぼえたことだった。パパから教わったのだけど、それは、

「サンキュー。」

というのだった。いつも雪の上にスキーをはいて、トットちゃんが立っていると、外国の人たちが、そばを通りながら、みんなトットちゃんに、なにかいう。きっと「かわいい。」とか、なんとか、そんなふうなことだったかもしれないけど、トットちゃんには、わからなかった。だから去年までは、だまっていたけど、今年からは、そういうとき、頭だけ、

ちょっと、下げて、

「サンキュー。」

と、いちいち、いってみた。それを聞くと、外国の人たちは、みんな、ますますニコニコして、口々に、なにかいって、なかには、トットちゃんのほっぺたに、自分のほっぺたをくっつける女の人や、ギューッと抱きしめる、おじさんなんかもいた。トットちゃんは、「サンキュー」だけで、みんなと、こんなに、お近づきになれるなんて、おもしろい、と思っていた。ある日、そんななかにいた、やさしそうな若い男の人が、トットちゃんに近づくと、

「自分のスキーの、前のところに、乗りませんか？」

というジェスチャーをした。パパに聞いたら、「いい。」というので、トットちゃんは、

「サンキュー。」

と、その人にいった。その人は、自分の足もとのスキーの上にトットちゃんをしゃがませると、両方のスキーをそろえたまま、志賀高原の、いちばん傾斜がゆっくりで、長いスロープを、まるで、風のように、すべり降りた。トットちゃんの耳のそばで、空気が、ビュー

ンビューンと音をたてた。トットちゃんは、両手でひざをかかえて、前につんのめらないように、注意した。すこしこわかったけど、とてもとても楽しいことだった。すべり終わると、見てた人が、拍手をした。トットちゃんは、スキーの先っちょから立ち上がると、みなさんに、頭をすこし下げて、

「サンキュー。」

といった。みんなは、ますます拍手をした。

この人が、シュナイダーという、世界でも有名なスキーの名人で、めずらしい、銀のストックを、いつも持っている、なんてことがわかったのは、あとになってからのことだった。トットちゃんがこの人を好きだ、と思ったのは、すべり終わって、トットちゃんが、みんなから拍手されたあと、この人が、腰をかがめ、トットちゃんの手を取って、とても、トットちゃんを大切な人のように見てから、

「サンキュー。」

といったときだった。その人は、トットちゃんを、「子ども」というふうじゃなく、ちゃんとした大人の女の人のように、あつかってくれた。そして、その男の人が、腰をかがめた

とき、それは、トットちゃんが、心の底から、その人の優しさを感じるような、そんな姿だった。そして、その人のうしろには、真っ白な世界が、どこまでも、どこまでも、続いていた。

図書室

冬休みが終わって、学校に集まった生徒たちは、休みの間に、すばらしいことが起こっていたのを発見して叫び声をあげた。

それは、みんなの教室用の電車が並んでいるのと反対側に……つまり講堂をはさんだむこうの花壇のわきに、もう一台、電車がきていたんだけど、それが、冬休みの間に、図書室になっていたからだった。そして、なんでもできちゃって、みんなが尊敬している小使いのおじさんの良ちゃんが、よほどがんばってくれたとみえて、電車の中には、たくさんの棚ができていて、いろんな字や色の本が、ズラリと並んでいた。そして、そこで本が読めるように、机やいすも並んでいた。

校長先生は、いった。

「これは、君たちの図書室だよ。ここにある本は、だれでも、どれでも読んでいい。『何年生だから、どの本』とか、そういうことは考えることはないし、いつでも、好きなときに、図書室に入ってかまわない。借りたい本があったら、家に持って帰って読んでいい。そのかわり、読んだら、返しとけよ。家にあるので、みんなに読ませたい本があったら持ってきてくれるのも、先生は、うれしいよ。とにかく、本をたくさん、読んでください。」

みんなは、口々に先生にいった。

「ねえ、今日の一時間目は、図書室にしよう!!」

「そうかい。」

と、校長先生は、みんなが興奮しているのを見て、ちょっと、うれしそうに笑ってから、いった。

「じゃ、そうしようじゃないか。」

そこで、トモエの生徒、全員、五十人が一台の電車に乗りこんだ。みんなが大さわぎで、それぞれ本を選んだあと、いすにすわろうとしたけど、すわれたのは半分くらいで、あとは立ったままだった。だから、ほんとうに、それは、満員電車の中で、立ったまま本を読んでるような光景で、見てるだけでも、おかしかった。でも、みんな、もう、うれしくて、たまらなかった。

トットちゃんは、まだ、字は、そんなにたくさん読めなかったから、「おもしろそうな絵」の入ってる本を読むことにした。

みんなが本を手にして、ページをめくり始めると、ちょっと静かになった。でも、それは、ほんのちょっとの間で、そのうち、あっちでも、こっちでも、読みあげる声だの、わからない字をだれかに聞く声だの、本を取りかえっこしようとしてる声だの、笑い声で、いっぱいになった。なかには、〝歌いながら絵をかく本〟というのを読み始めたために、大きい声で、

〽マールコテン　マールコテン
　タテタテ　ヨコヨコ
　丸かいて　チョン
　マール子さん

毛が三本　毛が三本　毛が三本

あっというまにおかみさん

なんて、大きい声でうたいながら、まるまげを結った、おかみさんの絵をかいてる子もいた。毎日、自分の好きな科目から勉強してよくて、『〃人の声がうるさいと、自分の勉強ができない〃というようじゃこまる。どんなに、まわりが、うるさくても、すぐ集中できるように！』というふうに教育されてるトモエの子にとっては、このヘマールコテンもべつに気にならず、いっしょに同調してうたってる子もいたけれど、みんな自分の本に、熱中していた。

トットちゃんのは、民話の本みたいのだったけど、「おなら」をするので、お嫁に行けないお金持ちの娘が、やっと、お嫁に行けたので、うれしくなって、結婚式の晩、いつもより、もっと大きい、おならをしたので、寝ていたオムコさんが、その風で、部屋を七まわり半して、気絶する、というような話だった。「おもしろそうな絵」というのは、男の人が、部屋の中を飛んでいるところだった。（この本は、あとで、みんなのひっぱりダコになった。）

とにかく、全校生徒が、ギュウヅメでも、電車の窓からさしこむ朝の光の中で、一生懸命、本を読んでる姿は、校長先生にとって、うれしいことにちがいなかった。

けっきょく、その日は、一日じゅう、みんな図書室で過ごすことになった。

そして、それからは、雨で外に出られないときとか、いろんなとき、この図書室は、みんなの集会所にもなった。

そして、ある日、校長先生は、いった。

「そのうち、図書室の近くに便所を作ろうな。」

なぜなら、みんな、ギリギリまで我慢して本を読むので、だれもが、すごい格好で、講堂のむこうのトイレまで、走っていくからだった。

しっぽ

今日の午後のことだった。放課後、家に帰ろうとしたくをしてるトットちゃんのところに、大栄君が走ってきて、声をひそめて、いった。

「校長先生が、怒ってる。」

「どこで？」

と、トットちゃんは聞いた。だって、校長先生が怒るなんて、それまで知らなかったから、とっても、びっくりしたからだった。大栄君は、大いそぎで走ってきたのと、おどろいたらしいので、人のよさそうな目を、まんまるにして、それから、すこし鼻をふくらませて、いった。

「校長先生の家の台所のところ。」

「行こう！」

トットちゃんは、大栄君の手をつかむと、先生の家の台所のほうにむかって走り出した。校長先生の家は、講堂の横から続いていて、お台所は、校庭の裏口に近いところにあった。いつかトットちゃんが、トイレの汲み取り口にとびこんだとき、すっかり、きれいに洗っていただいたのも、この、お台所から入った、おふろ場のところだったし、お弁当のときの「海のもの」と「山のもの」の、おかずができるのも、この、お台所だった。

そーっと、二人が足をしのばせて、近づくと、閉まってる戸の中から、ほんとうに、校長先生の怒ってるらしい声がした。その声は、いった。

「どうして、あなたは、そんなに、気軽に、高橋君に、『しっぽがある。』なんて、いったんですか！」

その怒ってる声に、トットちゃんたちの受け持ちの女の先生の、答えるのが聞こえた。

「そんな深い意味じゃなく、わたしは、高橋君が目に入って、かわいいと思ったので、いっただけなんです。」

「それが、どんなに深い意味があるか、あなたには、わかってもらえないんですか。ぼくが、どんなに、高橋君に対しても、気を配っているか、あなたに、どうしたら、わかってもらえるんだろうか！」

トットちゃんは、今日の朝の授業の時のことを思い出した。今朝、この受け持ちの先生は、

「昔、人間には、しっぽがあった。」

という話をしてくれたのだった。これは、とても楽しい話で、みんな、気に入った。大人の言葉でいえば、進化論の初歩の話、ということになるのだろうけど、とにかく、とても

めずらしいことで、とくに、先生が、

「だから、今でも、みんなに、ビテイコツ、というのが、残っているんです。」

といったときは、トットちゃんをはじめとしてみんな、おたがいに、どれがビテイコツか、で、教室は、大さわぎになった。そして、その話の最後のとき、その先生が、冗談に、

「まだ、しっぽの残ってる人も、いるかな？　高橋君は、あるんじゃないの？」

といったのだった。高橋君は、いそいで立ち上がると、小さい手を振って、真剣に、

「ありません。」

といった。そのときのことを、校長先生が怒っているのだ、と、トットちゃんには、わかった。

校長先生の声は、怒ってる、というより、悲しそうな声に変わっていた。

「あなたは、高橋君が、あなたに、しっぽがある、といわれて、どんな気がするだろうか、と考えてみたんですか？」

女の先生の、返事は聞こえなかった。トットちゃんには、どうして、校長先生が、こん

なに、この、しっぽのことで、怒るのか、わからない、と思った。（もし、わたしが、先生から、しっぽがあるの？　と聞かれたら、うれしくなっちゃうのにな。）

たしかに、そうだった。トットちゃんは、体には、なんの障害もなかった。だから、「しっぽがあるか？」と聞かれても、平気だった。でも、高橋君は、背がのびない体質で、自分でも、もう、それを知っていた。だから、校長先生は、運動会でも、高橋君が勝つような競技を考えたり、体の障害という羞恥心をなくすために、みんな海水着なしで、プールにいっしょに入るように考えたり、とにかく、高橋君や、泰明ちゃんや、そのほか、肉体的な障害のある子から、そのコンプレックスや、「ほかの子より劣ってる」という考えを取るために、できるだけのことをしていたし、事実、みんな、コンプレックスを持っていなかった。それなのに、いくら、かわいく見えたからといって、よりによって高橋君に、「しっぽがあるんじゃない？」というような不用意な発言は、校長先生には、考えられないことだった。これは偶然、朝の授業を、校長先生が、うしろで参観して、わかったことだった。

女の先生が、涙声で、こういうのが、トットちゃんに聞こえた。

「ほんとうに、わたしが、まちがってました。高橋君に、なんて、あやまったら、いいんでしょう……。」

校長先生はだまっていた。そのとき、トットちゃんは、ガラス戸で見えない校長先生に（あいたい。）と思った。わけは、わからないけど、校長先生は、ほんとうにわたしたちの友だちだと、いつもより、もっと強く感じたからだった。大栄君も同じ考えだったにちがいなかった。

校長先生が、ほかの先生のいる職員室じゃなく、台所で、受け持ちの先生に怒っていたことを、トットちゃんは、忘れなかった。（そこに、小林先生の、ほんとうの教育者としての姿があったから……。）ということは、トットちゃんには、わかっていなかったんだけど、なぜか、いつまでも、心に残る、先生の声だった。

春が……トットちゃんにとって、トモエでの、二度めの春が、もう、ほんとうに、近くまで、きていた。

二度めの春

校庭の木には、緑色の柔らかな葉っぱが、どんどん生まれていた。花壇の花も、咲くのに大いそがしだった。クロッカスや、ラッパ水仙、三色すみれなどが、つぎつぎと、トモエの生徒たちに、

「はじめまして。」

をいった。チニーリップも、背のびをするように茎をのばし、桜のつぼみは、まるで〝ヨーイドン!!〟の合図を待っているような格好で、そよ風にゆられていた。

プールの横にある、小さくて四角いコンクリートの足洗い場にすんでる金魚は、黒の出目金をはじめ、みんな、それまで、じーっとしていたのが、のびのびと楽しそうに体を動かしていた。

なにもかもが、光って、新しく、生き生きと見える、この季節は、だれかが口に出していわなくても、もう、「春!」って、すぐわかった。

トットちゃんが、ママに連れられて、初めてトモエ学園にきた朝、地面から生えてる校門におどろき、電車の教室を見て、とび上がるほど、よろこび、校長先生である小林宗作氏を、「友だちだ！」と決めてから、ちょうど、一年たち、トットちゃんたちは、めでたく、ピカピカの二年生になったのだった。そして新しい一年生が、昔、トットちゃんたちが、そうだったように、キョロキョロと学校に入ってきた。

トットちゃんにとって、この一年は、ほんとうに充実していて、毎朝が待ちきれない一年だった。チンドン屋さんを好きなことには、かわりはなかったけど、もっともっと、いろんな好きなことが、自分のまわりにあることを知った。前の学校で、「もてあましもの」として退学になったトットちゃんが、いまは、もっとも、トモエの生徒らしいように育っていた。

でも、「トモエの生徒らしい……。」これは、ある点、親にとっては、心配でもあった。校長先生に、すべての面で、子どもをあずけ、信頼してるトットちゃんのパパとママですら、たまには、（大丈夫かな？）と思うことがあった。まして、小林先生の教育方針を半信半疑で見て、現在のことだけで、すべてを決めようとする親のなかには、

（これ以上、子どもをあずけておいては、たいへん!!）

と考えて、よその学校に転校させる手続きをする人もいた。でも、子どもはトモエと別れたくなくて、泣いた。トットちゃんのクラスには、幸いなことにだれもいなかったけど、一つ上のクラスの男の子は、ころんだときにできた、ひざ小僧の、かさぶたをブラブラさせながら、涙をポロポロこぼして、だまって校長先生の背中を、にぎりこぶしで、たたいていた。校長先生の目も、まっ赤だった。でもけっきょく、その子は、お父さんとお母さんに連れられて、学校を出ていった。なんどもなんどもふり返りながら、手を振って、出ていった……。

でも、悲しいことは、それくらいで、またおどろきと、よろこびの毎日がくるにちがいない二年生に、トットちゃんは、なったのだった。

ランドセルも、もう、すっかり、背中とおなじみになっていた。

白鳥の湖

トットちゃんは、日比谷公会堂に、バレエの「白鳥の湖」を見に連れていってもらった。それは、パパがヴァイオリンで「白鳥の湖」のソロを弾くからと、とても、いいバレエ団が踊るからだった。トットちゃんにとって、バレエは初めてだった。白鳥のお姫さまは、キラキラ光る小さい冠を頭にかぶって、ほんとうの白鳥のように、軽々と空中を飛んだ（ように、トットちゃんには見えた）。王子さまは、白鳥のお姫さまを好きになったから、そうじゃない女の人は、だれがなんといっても、

「いりませーん！」

というふうに踊った。そして、最後に、やっとのことで、二人でなかよく踊った。音楽も、とても、とても気に入った。家に帰っても、トットちゃんは、ずーっと、このことを考え、感動していた。だから、つぎの日、目が覚めるとすぐ、モシャモシャの頭のまま、台所で用事をしてるママのところに行って、いった。

「わたし、スパイと、チンドン屋さんと、駅の切符を売る人と、ぜんぶやめて、白鳥を踊るバレリーナになる。」

ママは、おどろいたふうもなく、

「そう？」

といった。

トットちゃんにとって、バレエを見たのは初めてだけど、校長先生から、イサドラ＝ダンカンという、すばらしいダンスをするアメリカの女の人の話を、前から、よく聞いていた。ダンカンも、小林先生と同じように、ダルクローズの影響をうけていた。尊敬する小林先生が好きだというダンカンを、トットちゃんは当然、認めていたし、（見たことがなくても）親しく感じていた。だから、トットちゃんにとって、踊る人になる、ということは、そう特別のことでもないように思えた。

折も折、ちょうどぐあいのいいことに、そのころ、トモエには、小林先生の友だちで、リトミックを教えにきている先生がいて、学校のすぐそばに、ダンスのスタジオを持っている、ということだった。ママは、その先生にお願いして、放課後、そのスタジオでレッスンを受けるように、とりはからってくれた。ママは、「何々をしなさい。」とかは、決していわなかったけど、トットちゃんが、「何々をしたい。」というと、「いいわよ。」といって、べつに、いろいろ聞かずに、子どもではできない手続きといったことを、かわりにやってくれるのだった。

トットちゃんは、一日も早く、白鳥の湖を踊る人になろうと、ワクワクして、そのスタジオに通った。ところが、その先生の教えかたは、かわっていた。トモエでやるリトミックのほかに、ピアノやレコードの音楽に合わせて、「お山は晴天」とかいって、ぶらぶら歩いていて、突然先生が、

「ポーズ!」

というと、生徒は、いろんな形を自分で作って、その形で、静止をするのだった。先生も、ポーズのときは、生徒といっしょに、「アハ!」というような声を出して、「天を仰ぐ格好」とか、ときには、「苦しんでいる人」のように両手で頭をかかえて、うずくまったりした。

ところが、トットちゃんのイメージにあるのは、キラキラ光る冠と、白いフワフワし

た衣装を着た白鳥であって、

「お山は晴天」

でも、

「アハ！」

でもなかった。

トットちゃんは、ある日、勇気を出すと、その先生のそばにいった。先生は男だけど、頭の毛の前髪を、おかっぱのように切っていて、毛もすこし、ちぢれていた。トットちゃんは、両手を大きく広げ、白鳥のように、ひらひらさせながらいった。

「こういうの、やんないの？」

鼻が高く、目も大きく、りっぱな顔の、その先生はいった。

「ぼくの家じゃ、そういうの、やんないの。」

……それ以来、トットちゃんは、この先生のスタジオに、だんだん行かなくなってしまった。たしかに、バレエのくつもはかず、はだしでとびまわって、自分の考えたポーズをするのも、トットちゃんは好きだった。でも、キラキラ光る小さい冠を、どうしても、かぶりたかったんだもの。

別れぎわに先生はいった。

「白鳥もいいけど、自分で創って踊るの、君、好きになって、くれないかなあ。」

この先生が、じつは、石井漠という、日本の自由舞踊の創始者であり、この、小さい町に止まる東横線の駅に、

「自由が丘」

という名前をつけた人だ、などということを知ったのは、大人になってからのことだった。それにしても、当時五十歳の、この石井漠は、小さいトットちゃんにも、心をこめて、

「自由に踊る楽しさ」

を教えてくれようとしたのだった。

畠の先生

「いいかい？　今日の先生だよ。なんでも教えてくださるからね。」

校長先生は、こういって、一人の男の先生を、みんなに紹介した。トットちゃんは、つくづくとその先生を観察した。なにしろ、その先生の格好は、かわっていた。上着は縞のハンテンで、胸からは、メリヤスのシャツが、のぞいていて、ネクタイのかわりに、首には手拭いが、ぶら下がっていた。そして、ズボンは、紺の木綿のパッチふうの細いのだし、くつじゃなくて、地下足袋だった。おまけに、頭には、すこし破れた麦わら帽子をかぶっていた。

いまトットちゃんたちが、どこにいるか、といえば、九品仏の池のほとりだった。

しばらく、その先生をジロジロ見ていたトットちゃんは、その先生に、見覚えがあることを発見した。

（えーと、えーと……。）

顔色は日焼けして、まっ黒だった。そして、その顔に、しわはあるけど、やさしそうだった。腰にむすんであるベルトみたいな黒いひもにぶら下げてあるキセルも、なにか初めて見る感じじゃなかった……。

(わかった!)

トットちゃんは、思い出した。

「ねえ、先生って、いつも、あそこの川のそばの畠にいる、お百姓さんじゃないの?」

トットちゃんは、すっかり、うれしくなって、いった。すると、地下足袋の、その先生は、白い歯を見せ、顔じゅうを、しわくちゃにして、笑っていった。

「そうだよ。みんな、九品仏のお寺に散歩に行くとき、うちのそばを通るじゃねえの? いま、菜の花が咲いてる、あすこの畠。あれがうちのだから。」

「わあ! おじさんが、今日は先生なのか!?」

トットちゃんたちは、すっかり興奮した。人のよさそうなおじさんは、手を振っていった。

「いやいや、わたしは先生なんかじゃなくて、百姓です。今日は、校長先生にたのまれたんでね。」

校長先生は、お百姓さん先生の隣に並ぶと、いった。

「いや、これから、畠の作りかたを、あなたに教えてもらうのだから。畠のことについては、あなたは先生です。パンの作りかたを習うときは、パン屋さんに先生になってもらうのと同じです。さあ、どんどん、子どもたちに指図して、始めてください。」

きっと、ふつうの小学校では、生徒に、なにかを教える人には、「先生の資格」とか、いろいろ規則があるだろうけど、小林先生は、かまわなかった。子どもたちに、「本物」を見せることが必要なのだし、それが、大切なことだ、と先生は考えていた。

「じゃ、始めっかな?」

畠の先生はいった。みんなの、立っている場所は、九品仏の池のまわりでも、とくに静かなところにあり、木が池に影を落としているという、感じのいいところだった。校長先生は、すでに、スコップとか、くわ、とか、そのほか、畠に必要な道具をしまっておく物置にするために、ふつうの一台の半分の電車を、運んできてあった。半分の電車は、小さい畠になる予定の土地の、ちょうどまん中に、こぢんまりと、静かに置いてあった。

電車の中から、スコップとか、くわを運び出すように生徒にいうと、畠の先生は、まず草むしりから始めた。先生は雑草について話した。「雑草が、どんなにじょうぶなものか。」ということや、「雑草によっては、作物より、のびるのが早いのがあって、おかげで作物に日があたらなくなってしまう。」とか、「雑草は、悪い虫の、いい、かくれ場所だ。」とか、「雑草は、土から栄養をとってしまうからこまるのだ。」とか、もうつぎからつぎと、教えてくれた。しかも、話しながら、手は休むことなく雑草を、ひきぬいた。みんなも同じようにやった。それから先生は、くわで耕すこと、うねを作ること、大根などの、種のまきかた、肥料のやりかたなど、畠に必要なことを、実際に、やって見せてくれながら説明した。途中で、小さいへびが頭を出して、上級生のタアーちゃんが、もうすこしで手をかまれそうになったりもしたけど、畠の先生は、

「このあたりのへびは毒もないし、こっちが、なにかしなければ、あっちからかみついてくることもないのだから。」

と安心させてくれたりもした。とにかく、畠の先生は、畠の作りかただけじゃなく、虫のこと、鳥のこと、ちょうちょのこと、天気のこと、もう、いろんなことを、おもしろく話

してくれた。節くれだった先生のじょうぶな手が、そういう話は、どれもこれも、畑の先生が体験し、自分で発見したのだ、ということを証明しているようだった。みんなは、汗びっしょりで、先生に手をとってもらって、ついに畑は完成した。どこから見ても……すこしグニャグニャのうねはあったけど……完璧な畑だった。

この日以来、トモエの生徒は、その、おじさんにあうと、

「畑の先生！」

と、遠くからでも、尊敬をこめて、叫んだ。畑の先生は、自分の畑にあまった肥料を、学校の畑に、すこしまいといてくれることもあった。みんなの畑は、順調に成長した。毎日、だれかが、見まわりに出かけては、校長先生やみんなに、畑のようすを報告した。「自分のまいた種から、芽がでる。」ということが、どんなに不思議であり、おどろきであり、そして、よろこびであるかを、子どもたちは、知った。みんな、何人か集まると、畑の成長について、話しあった。

世界の、いろいろなところで、すこしずつ恐ろしいことが始まっていた。でも、この小さな畑について真剣に話し合ってる子どもたちは、ありがたいことに、まだ、平和そのも

の中に、いたのだった。

はんごうすいさん

トットちゃんは、放課後、学校を出ると、だれにも話しかけず、さよならもいわずに、口の中でブツブツなにかをいいながら、急ぎ足で自由が丘の駅まできた。まるで落語のようだけど、トットちゃんは、いま、

「トドロキケイコクハンゴウスイサン」

というむずかしい言葉を、いい続けているのだった。だって、もしだれかが隣にきて、

「ジュゲムジュゲムゴコウのスリキレ。」

なんていったら、とたんに忘れちゃうに決まっているし、「よいしょ。」なんて水たまりをとびこえたら、もう、わかんなくなっちゃうから、とにかく口の中で、くり返しているのがいちばんいいと考えたのだった。ありがたいことに、電車の中でもだれにも話しかけられず、なるたけおもしろそうなことも見つけようとしなかったので、「あれ？」と思うこ

とも起こらないですんで、家に帰る駅で、電車を降りた。でも駅を出るとき、顔なじみの駅のおじさんが、

「おかえり。」

といったとき、もうすこしで、

「ただいま。」

といおうと思ったけど、いっちゃうと、そのあとから、

「ただいまスイサン。」

なんて、なっちゃいそうだったんで、右手でバイバイをして、左手で口を押さえて、走って家まで帰ったのだった。

帰るなり、トットちゃんは、玄関でママに、すごい声で叫んだ。

「トドロキケイコクハンゴウスイサン！」

一瞬ママは、四十七士の討ち入りか、道場破りのまねかと思った。でも、すぐママには、わかった。

「等々力渓谷、飯盒炊爨！」

等々力というのは、トットちゃんの小学校のある自由が丘から三つ先の駅で、そこに、東京名所のひとつである、滝とか小川とか林の美しい〝等々力渓谷〟と呼ばれるところがあり、そこで、ご飯を炊いて食べるのだ、と理解したのだった。

(それにしても。)

と、ママは思った。

(こんなむずかしい言葉を、よくおぼえること。子どもというのは、自分に興味のあることなら、しっかり、おぼえるものなのね。)

トットちゃんは、やっとむずかしい言葉から解放されたので、つぎからつぎと、ママに話しかけた。今度の金曜に、朝、学校に集まって行く。持っていくものは、お茶わんと、おわんと、おはしと、お米を一合。

「一合っていうのは、お茶わんに、ちょうど、一ぱいくらいだって、そして、炊くと、お茶わん二はいくらいになるんだって。」

と、忘れずにつけ加えた。それから、豚汁を作るので、中に入れるお肉とか、お野菜。それから、おやつも、すこし持って行っていい。

その日から、トットちゃんは、台所で仕事をするママに、ぴったりくっついて、包丁の使い方、おなべの持ち方、ご飯のよそい方、などを研究した。ママが働いているのを見るのは、とても気持ちがよかったけど、なかでもトットちゃんの気に入ったのは、ママが、おなべのフタなどを手に持って、

「あちちち……。」

なんていったとき、その手を、いそいで耳たぶに持っていくことだった。

「耳たぶが冷たいからよ。」

と、ママは説明した。トットちゃんは、この動作がなによりも、大人っぽく、台所の専門家がすることのように見えたから、

(わたしも、ああいうふうに、トドロキケイコクハンゴウスイサンのときには、やりましょう。)

と決めた。

いよいよ、その日がきた。電車から降りて、みんなが、等々力渓谷に到着すると、林の中で、校長先生は生徒を見た。高い木の上からさしこむ光の中で、子どもたちの顔はピカ

ピカと光って、かわいかった。どの子もリュックサックをふくらませて、校長先生のいうことを待っていた。生徒たちの、うしろには、有名な滝の豊かな水が、力強く、そして美しいリズムを作っていた。先生はいった。

「いいかい。何人かでグループを作って、まず、先生たちが持ってきたレンガを使って、カマドを作ろう。それから、手分けして、川でお米を洗って、火にかけたら、あとは豚汁だ。さあ、始めようか！」

生徒たちは、ジャンケンとか、いろんな方法で、グループに分かれた。全校生徒で五十人たらずなのだから、六つくらいのグループが、すぐできた。穴を掘って、レンガを、かこいのように積む。その上に鉄の細いさんのようなものをのせて、おなべと飯盒をのせる台を作る。だれかさんたちは、その間に、林の中で、たくさん、落ちているたきぎをひろってくる。それから、川にお米をとぎに行く子。いろんな役目を自分たちで作って分担した。トットちゃんは、自分で推薦して、お野菜を切る、「豚汁のかかり」になった。もう一人、トットちゃんより二年上の男の子も野菜を切る役目だったけど、この子がやると、すごく大きいのや小さいのや、めちゃくちゃな形になった。でも、その男の子は、鼻の頭に汗をいっぱいかいて、格闘していた。トットちゃんは、みんなの持ってきた、おなすや、じゃがいも、おねぎ、ごぼうなどを、ママがするように、上手に、食べやすい大きさに切った。それから思いついて、キュウリとおなすを薄く切って、お塩でもんで、ごていねいに、おつけものまで作った。そして、ときどき、格闘してる上級生に、「こうやれば？」なんて教えたりもした。だから、なんとなく、もう、お母さんになったような気さえした。みんなは、トットちゃんの、おつけものに感心した。トットちゃんは、両手を腰にあてて、謙遜したふうにいった。

「ちょっと、やってみただけよ。」

豚汁の味つけは、みんなの意見で決めることにした。どのグループからも、「キャア！」とか、「わあーい。」とか「いやだあー。」とか、笑う声がしていた。林の中の、いろんな鳥たちも、いっしょに大さわぎをしているように、さえずっていた。そのうちに、どの、おなべからも、いいにおいがしてきた。これまで、ほとんどの子は、自分の家で、おなべをじーっと見つめたり、火加減を自分でするっていうことはなく、たいがい、テーブルに出されたものを食べるのになれていた。だから、こんなふうに自分たちで作るということの楽しさと、同時に、たいへんさと、それから食べものができるまでの、さまざまな、もののの変化などを知ったのは、大発見だった。いよいよ、どのカマドも完成した。校長先生は、草の上に、まるくなってすわるように、場所を作ろう、といった。おなべや、飯盒が、それぞれのグループの前に運ばれた。でも、トットちゃんのグループは、トットちゃんが絶対にしようと決めていた、あの動作……、おなべのふたを取って、

「あちちち……。」

をするまで、でき上がりを運ぶのを待たなければならなかった。そして、トットちゃんが、すこし、わざとらしく、

「あちちち……。」

といって、両手の指を両耳たぶにつけて、それから、

「いいわよ。」

といったので、なんだかわからないけど、運んだのだった。この耳たぶの動作を、だれも「ステキ。」とはいってくれなかったけど、トットちゃんは、もう満足していた。

みんなは、自分の前のお茶わんと、おわんの中の湯気の立っているものを、見つめた。

おなかも空いていたし、だいいちに、自分たちで作ったお料理なんだから。〽よーくかめよ 食べものを……の歌に続いて、「いただきまーす。」といったあと、林の中は、急に静かになった。滝の音だけになった。

「ほんとうは、いい子なんだよ。」


校長先生は、トットちゃんを見かけると、いつも、いった。

「君は、ほんとうは、いい子なんだよ!」

そのたびにトットちゃんは、ニッコリして、とびはねながら答えた。

「そうです、わたしは、いい子です!」

そして、自分でもいい子だと思っていた。

たしかにトットちゃんは、いい子のところもたくさんあった。みんなに親切だったし、とくに肉体的なハンディキャップがあるために、よその学校の子にいじめられたりする友だちのためには、ほかの学校の生徒に、むしゃぶりついていって、自分が泣かされても、そういう子の力になろうとしたし、けがをした動物を見つけると、必死で看病もした。でも同時に、めずらしいものや、興味のあることを見つけたときには、その自分の好奇心を満たすために、先生たちが、びっくりするような事件を、いくつも起こしていた。

たとえば、朝礼で行進をするときに、頭の毛を二本のおさげにして、それぞれのしっぽを、うしろから、両方の、わきの下から出し、腕で、はさんで、見せびらかして歩いてみたり。お掃除の当番のとき、電車の教室の床のフタを上げて……それはモーターの点検用の上げブタだったんだけど、それを目ざとく見つけて持ち上げて……、ゴミを捨てて、いざ閉めようとしたら、もう閉まらないので、大さわぎになったり。また、ある日は、だれかから、牛肉は大きな肉のかたまりが、鈎からぶら下がってると聞くと、朝からいちばんたかい鉄棒に片手だけで、ぶら下がって、いつまでも、そのままでいる。女の先生が、「どうしたの？」と聞くと、「わたしは今日、牛肉！」と叫び、とたんに落ちて、「ウッ！」といったまま、一日じゅう、声が出なくなったり。お昼休み、学校の裏をブラブラ歩いていて、道に新聞紙がひろげて置いてあるので、とてもうれしくなって、遠くから、はずみをつけて、すごい、いきおいで走ってきて、その新聞紙に、とび乗ったら、それは清掃の人が、トイレの汲み取り口のふたをどかして、におうといけないので、のせてあっただけだから、そのまま汲み取り口に、ズボ！　っと、胸までつかってしまったり……。そんなふうに、自分自身が、痛い目にあうことも、しょっちゅうだった。でも校長先生は、そういう事件が起きたときに、絶対に、パパやママを呼び出すことはなかった。ほかの生徒でも同じことだった。いつも、それは、校長先生と、生徒との間で解決した。初めて学校にきた日に、トットちゃんの話を、四時間も聞いてくれたように、校長先生は、事件を起こした、どの生徒の話も、聞いてくれた。そのうえ、いいわけだって、聞いてくれた。そして、ほんとうに、「その子のしたことが悪い」とき、そして、「その子が自分で悪い」と納得したとき、

「あやまりなさい。」

といった。でも、おそらく、トットちゃんに関しては、苦情や心配の声が、生徒の父兄や、ほかの先生たちから、校長先生の耳にとどいているにちがいなかった。だから校長先生は、トットちゃんに、機会あるごとに、

「君は、ほんとうは、いい子なんだよ。」

といった。その言葉を、もし、よく気をつけて大人が聞けば、この「ほんとうは」に、とても大きな意味があるのに、気がついたはずだった。

「いい子じゃないと、君は、人に思われているところが、いろいろあるけど、君のほんとうの性格は悪くなくて、いいところがあって、それが、よくわかっているんだよ。」

校長の小林先生は、こう、トットちゃんに伝えたかったにちがいなかった。残念だけど、トットちゃんが、このほんとうの意味がわかったのは、何十年もたってからのことだった。でも、ほんとうの意味は、わからなくても、トットちゃんの心の中に、「わたしは、いい子なんだ。」という自信をつけてくれたのは、事実だった。だって、いつも、なにかをやるとき、この先生の言葉を思い出していたんだから。ただ、やったあとで、「あれ？」と思うことは、ときどき、あったんだけど。

そして、トットちゃんの一生を決定したのかもしれないくらい、大切な、この言葉を、トットちゃんが、トモエにいる間じゅう、小林先生は、いい続けてくれたのだった。

「トットちゃん、君は、ほんとうは、いい子なんだよ。」って。

お嫁さん

今日、トットちゃんは、悲しかった。

もう、トットちゃんは、三年生になっていて、同級生の泰ちゃんを、とても好きだと思っていた。頭がよくて、物理ができた。英語を勉強していて、最初に「キツネ」という英語を教えてくれたのも、泰ちゃんだった。

「トットちゃん、キツネは、フォックスだよ。」

（フォックスかあ……。）

その日、トットちゃんは、一日、〝フォックス〟という響きに、ひたったくらいだった。だから、毎朝、電車の教室に行くと、最初にすることは、泰ちゃんの筆箱の中の鉛筆を、ぜんぶナイフで、きれいに、けずってあげることだった。自分の鉛筆ときたら、歯でむしりとって、使っているというのに。

ところが、今日、その泰ちゃんが、トットちゃんを呼びとめた。そのとき、トットちゃ

んは、昼休みなので、プラプラと講堂の裏の、例のトイレの汲み取り口のあたりを散歩してたんだけど、

「トットちゃん！」

という泰ちゃんの声が、怒ってるみたいなので、びっくりして立ち止まった。泰ちゃんは、一息つくと、いった。

「大きくなって、君がどんなにたのんでも、ぼくのお嫁さんには、してあげないからね！」

それだけいうと、泰ちゃんは、下をむいたまま、歩いていってしまった。トットちゃんは、ポカンとして、その泰ちゃんの頭が……脳みそが、いっぱいつまっている、自分の尊敬してる頭、仮分数、というあだなの頭が……見えなくなるまで見ていた。

トットちゃんは、ポケットに手をつっこんだまま考えた。思いあたることは、ないように思えた。しかたなく、トットちゃんは、同級生のミヨちゃんに相談した。ミヨちゃんは、トットちゃんの話を聞くと、大人っぽい口調で、こういった。

「そりゃ、そうよ。だって、トットちゃん、今日、おすもうの時間に、泰ちゃんのこと、投げとばしたじゃないの。泰ちゃんは、頭が重いから、ずーっと、土俵の外に、すっとん

だんだもの。そりゃ、怒るわよ。」

トットちゃんは、心の底から後悔した。(そうだった。)毎日、鉛筆をけずってあげるくらい好きな人を、なんで、おすもうの時間に、すっかり忘れて、投げとばしちゃったんだろう……。でも、もう遅かった。トットちゃんが、泰ちゃんのお嫁さんになれないことは、決まってしまった。

(でも、あしたから、やっぱり、鉛筆は、けずってあげよう。だって、好きなんだもの。)

ボロ学校

トットちゃんの前の学校のときも、そうだったけど、小学生が、「はやし歌」を、声をそろえてうたうのが、はやっていた。たとえば、トットちゃんが、退学になった、その前の学校では、放課後、学校の門を出てから、自分たちの校舎をふりかえりながら、生徒たちは、こううたった。

「赤松学校、ボロ学校！　入ってみたら、いい学校！」

そして、このとき、たまたま、よその学校の子が通りかかったりすると、その、よその子は、赤松小学校のほうを指さしながら、こう大声で、けなした。

「赤松学校、いい学校！　入ってみたら、ボロ学校！　わーい!!」

どうやら、建物が、新しいとか、古いとかいう、見たところで、「ボロ」か、どうか決めるんだけど、やはり大切なのは、「入ってみたら……」のところで、子どもとはいっても、学校は、建物より、内容で、「入ってみたら、いい学校！」のほうが、「いい」という真実をついてるところも、この歌には、あった。この「にやし歌」は、もちろん、一人のときは、うたわなくて、五人とか六人とか、人数の多いときに、やるのだった。

さて、今日の午後のことだった。トモエの生徒は、みんな放課後、思い思いのことをして、遊んでいた。みんなが決めた呼びかた、〝追い出しのベル〟という最終的なベルが鳴るまで、好きなことをしていて、いいのだった。校長先生は、子どもに、自分の好きなことをさせる自由時間が、とても大切と考えていたから、放課後の、この時間は、ふつうの小学校より、すこし長めに、とっていた。

校庭でボール遊びをする子、鉄棒や、お砂場で、ドロンコになっている子、花壇の手入れをする子もいたし、ポーチ風の小さい階段に腰をかけて、おしゃべりしてる上級生の女の子もいた。それから、木のぼりの子もいた。みんな勝手にやっていた。なかには、泰ちゃんのように、教室に残って、物理というか、化学の続きのフラスコを、ブクブクさせたり、試験管などを、あれこれテストしたりしてる子もいたし、図書室で、本を読んでいる子だの、動物好きの天寺君のように、ひろってきた猫を、ひっくり返したり、耳の中を、のぞきこんで研究してる子もいた。とにかく、みんな、楽しんでいた。

そんなとき、突然、学校の外から、大きな、「はやし歌」が聞こえた。

「トモエ学園、ボロ学校！　入ってみても、ボロ学校！」

(これは、ひどい！)

と、トットちゃんは思った。ちょうどそのとき、トットちゃんは、校門の(といっても、根っこのある、葉っぱが生えてる木なんだけど)その、そばにいたから、その歌は、よく聞こえた。

(ひどすぎる。どっちも、「ボロ」なんて！)

ほかの子も、そう思ったから、門のほうに走ってきた。そうすると、その、よその学校の男の子たちは、

「ボロ学校！　ワーイ!!」

と叫びながら、逃げ始めた。トットちゃんは、とっても憤慨した。だから、その気持ちを、静めるために、その男の子たちを追いかけた。たった一人で。でも、その子たちは、とても足が早くて、「あっ！」というまに、横丁をまがって、見えなくなってしまった。トットちゃんは、残念に思いながら、ブラブラ歩きながら、学校のほうに、もどってきた。

このとき、なんとなく、自分の口から歌が出た。それは、こうだった。

「トモエ学園、いい学校！」

それから、二歩くらい歩くと、つづきが出た。「入ってみても、いい学校！」

トットちゃんは、この歌に、満足した。だから、学校にもどると、わざと、よその学校の子みたいに、垣根から、頭をつっこんで、大声で、うたった。みんなに聞こえるように。

「トモエ学園、いい学校！　入ってみても、いい学校！」

校庭のみんなは、はじめは、わけがわからないらしく、シーンとしたけど、それが、トットちゃんとわかると、みんなもおもしろがって、外に出てきて、いっしょに、はやし始めた。そして、とうとう、みんなは、肩をくんだり、手をつないだりしながら、列になって、学校のまわりを、まわり始めた。まわりながら、みんな声をそろえてうたった。ほんとうは、声よりも、心がそろっていたんだけど、そんなことには、気がつかないで、ただおもしろくて、楽しいから、みんな、なんども、なんども、グルグルグルグル学校のまわりを、行進しながらうたったのだった。

「トモエ学園、いい学校！　入ってみても、いい学校！」

校長室の校長先生が、どんなに、うれしい思いで、この歌を、耳を澄ませて聞いていたか、生徒は、もちろん、知らなかった。

どの教育者もそうであるように、とくに、ほんとうに、子どものことを考えている教育者にとっては、毎日が、なやみの連続にちがいなかった。まして、このトモエ学園のように、なにから、なにまで、かわっている学校が、異なる教育 方針をもっている人たちから、非難を、うけないはずはなかった。そんな中の、この生徒たちの合唱は、校長先生にとって、なによりの、贈りものだった。

そして、子どもたちは、あきもしないで、いつまでも、いつまでも、くり返し、うたうのだった。

その日は、いつもより、〝追い出しのベル〟は、おそく、鳴った。

リボン

お弁当が終わって、お昼休みになったときだった。トットちゃんが、スキップしながら、講堂を横切ろう、としたところで、校長先生に会った。会った、といっても、さっきいっしょに、お弁当を食べたばっかりだったんだけど、とにかく、トットちゃんと、反対のほうから、先生がきたから、会った、という形になった。校長先生は、トットちゃんを見ると、いった。

「ちょうど、よかった。君に聞きたい、と思ってたことがあったんだ。」

「なあに？」

と、トットちゃんは、なにか、先生に教えてあげることがあるなんて、うれしい、と思って聞いた。先生は、トットちゃんの頭のリボンを見て、いった。

「君の、そのリボン、どこで手に入れたんだい？」

それを聞いたときの、トットちゃんの、うれしそうな顔といったらなかった。だって、それは、きのうから結んでいるんだけど、トットちゃんが見つけた、掘り出しものだったからだった。トットちゃんは、そのリボンを、先生に、もっと、よく見えるように近づけると、得意そうな声で、

「おばちゃまの、昔の袴に、ついていた。たんすにしまうとき、見つけて、いただいたの。おばちゃまは、『トットちゃんの目は、早いのね。』といった。」

と報告した。先生は、トットちゃんの話を聞くと、

「そうか。なるほど。」

と、考えるように、いった。

トットちゃん御自慢のリボンは、このあいだ、パパの妹さんの家に遊びに行ったときのことなんだけど、運よく、虫干しで、いろんな着物といっしょに、おばちゃまが、女学

トちゃんは、チラリ、と、いいものを見ちゃったのだった。

「あれー!! いまの、なあに?」

おばちゃまは、その声に手を止めた。その、いいもの、というのが、このリボンで、それは、袴のうしろの部分、ウエストの上あたりの、固くなってる山型の部分に、ついていたのだった。おばちゃまは、

「うしろから見える、おしゃれね。ここに、手で編んだレースをくっつけたり、幅の広いリボンを縫いつけて、大きくちょうちょのように結んだりするのが、あのころの流行だったのよ。」

と話してくれた。そして、その話を聞きながら、いかにも欲しそうに、そのリボンを、ずーっと、なでたり、さわったりしてるトットちゃんを見て、

「あげましょう。もう、着ないのだから。」

といって、はさみで縫いつけてある糸を切って、そのリボンをはずして、トットちゃんにくださった、というのが、いきさつだった。ほんとうに、そのリボンは、美しかった。上

等の絹で、バラの花や、いろんな模様が、織りこんである、絵のような、リボンだった。幅が広くてタフタのように張りがあるから、結ぶと、トットちゃんの頭と同じくらいに大きくなった。「外国製」だと、おばちゃまは、いった。

トットちゃんは、話をしながら、ときどき、頭をゆすっては、サヤサヤ、というリボンの、すれる音も、先生に聞かせてあげた。話を聞くと、先生は、すこしこまったような顔でいった。

「そうか。きのう、ミヨが、トットちゃんのみたいなリボンが欲しい、っていうから、ずーっと、自由が丘のリボン屋さんで探したんだけど、ないんだね。そうか、外国のものなんだなあ……。」

それは、校長先生、というより、娘に、ねだられて、こまっている父親の顔だった。それから、先生は、トットちゃんに、いった。

「トットちゃん、そのリボン、ミヨが、うるさいから、学校にくるとき、つけないできてくれると、ありがたいんだけどな。悪いかい、こんなこと、たのんじゃや。」

トットちゃんは、腕を組んで、立ったまま、考えた。そして、わりと、すぐ、いった。

「いいよ。あしたから、つけてこない。」

先生は、いった。

「そうかい。ありがとう。」

トットちゃんは、すこしは残念だったけど、(校長先生がこまってるんだもの、いいや。)と、すぐ決めたのだった。それと、決心した、もう一つの理由は、大人の男の人が……しかも自分の大好きな校長先生が……リボン屋さんで一生懸命、探してる姿を想像したら、かわいそうになったからだった。ほんとうに、トモエでは、こんなふうに、年齢と関係なく、おたがいの困難を、わかりあい、助けあうことが、いつのまにか、ふつうのことになっていた。

つぎの朝、学校に出かけたあと、トットちゃんの部屋にお掃除に入ったママは、トットちゃんの大切にしてる、大きな熊のぬいぐるみの首に、あのリボンが結んであるのを、見つけた。ママは、どうして、あんなによろこんで結んでたリボンを、トットちゃんが急にやめたのか、不思議に思った。リボンをつけたグレーの熊は、急に派手になって、恐縮してるように、ママには、見えた。

お見舞い

トットちゃんは、今日、生まれて初めて、戦争でけがをした兵隊さんのたくさんいる病院に行った。いっしょに三十人くらいの小学生が行ったけど、みんな、いろいろの学校から集まってきた知らない子たちだった。いつのころからか、国の命令によるもののようだったけど、一つの小学校から、二人とか三人、トモエのように人数の少ない学校は一人とか、そんなふうに、お見舞いに行く子が決まると、三十人くらいのグループにまとめて、どこかの学校の先生が引率して、兵隊さんの入っている病院に行く、というようなことが、すこしずつ始まっていた。そして、今日は、トモエからは、トットちゃんだった。引率の先生は、眼鏡をかけて、やせた、どこかの学校の女の先生だった。その先生に連れられて、病院の部屋に入ると、白い寝巻きを着た兵隊さんが、十五人くらい、ベッドの中にいたり、起き上がったりして、むかえてくれた。けがしてるって、どんなのかと、トットちゃんは心配してたけど、みんながニコニコしたり、手を振ったり、元気なので安心した。

でも、頭に包帯してる兵隊さんもいた。女の先生は、部屋の、だいたい、まん中へんに子どもを、まとめると、まず、兵隊さんに、

「お見舞いにまいりました。」

と、あいさつをした。みんなも、おじぎをした。先生は続けて、

「今日は、五月五日で、端午のお節句ですので、『鯉のぼりの歌』をうたいましょう。」

といって、さっそく、手を指揮者のように、高くあげ、子どもたちに、

「さあ、いいですか？　三！　四！」

というと、元気に、手をふりおろした。顔見知りじゃない子どもたちも、みんな、大きな声で、いっせいにうたいはじめた。

〽いらかの波と　雲の波……

ところが、トットちゃんは、この歌を知らなかった。トモエでは、こういう歌を、教えていなかったから。トットちゃんは、そのとき、やさしそうで、ベッドの上に正座してる兵隊さんのベッドのはじに、人なつっこく腰をかけて、「こまったな。」と思いながら、みんなの歌を聞いていた。

〽いらかの波と……

が終わると、女の先生は、いった。はっきりと。

「では、今度は、『ひな祭り』です。」

トットちゃん以外の、みんなは、きれいにうたった。

〽あかりをつけましょ　ぼんぼりに……

トットちゃんは、だまっているしかなかった。

みんながうたい終わると、兵隊さんが拍手をした。女の先生は、にっこりすると、「では。」といってから、

「みなさん、『お馬の親子』ですよ、元気よく、さあ、三！　四！」

と、指揮を始めた。

これも、トットちゃんの知らない歌だった。みんなが、「お馬の親子」をうたい終わったときだった。トットちゃんの腰かけてるベッドの兵隊さんが、トットちゃんの頭をなでて、いった。

「君は、うたわないんだね。」

トットちゃんは、とてももうしわけない、と思った。お見舞いにきたのに、一つもうたわないなんて。だから、トットちゃんは、ベッドから離れて立つと、勇気を出して、いった。

「じゃ、あたしの知ってるの、うたいます。」

女の先生は、命令とちがうことが始まったので、

「なんです？」

と聞いたけど、トットちゃんが、もう息を吸いこんでうたおうとしてるので、だまって聞くことにしたらしかった。

トットちゃんは、トモエの代表として、いちばん、トモエで有名な歌がいい、と思った。だから、息を吸うと、大きい声でうたい始めた。

〽よーく　かめよ　食べものを……

まわりの子どもたちから、笑い声が起こった。なかには、

「なんの歌？　なんの歌？」

と、隣の子に聞いてる子もいた。女の先生は、指揮のやりようがなくて、手を空中にあげたままだった。トットちゃんは、はずかしかったけど、一生懸命にうたった。

〽かめよ　かめよ　かめよ　かめよ　食べものを……

うたい終わると、トットちゃんは、おじぎをした。頭をあげたとき、トットちゃんは、その兵隊さんの目から、涙が、こぼれているのを見て、びっくりした。なにか、悪いことをしたのか、と思ったから。すると、その、パパよりすこし歳をとったくらいの兵隊さんは、また、トットちゃんの頭をなでて、

「ありがとう、ありがとう。」

といった。

頭をなでてくれながら、兵隊さんの涙は止まらないみたいだった。そのとき、女の先生は、気をとり直すような声で、いった。

「じゃ、ここで、みんなの、おみやげの、作文を、読みましょう。」

子どもたちは、自分の作文を、ひとりずつ、読み始めた。トットちゃんは、兵隊さんを、見た。兵隊さんは、目と、鼻を赤くしながら、笑った。トットちゃんも、笑った。そして、思った。

(よかった。兵隊さんが笑った。)

兵隊さんの涙が、なんであったのか、それは、その兵隊さんにしか、わからないことだった。もしかすると、それは、故郷に、トットちゃんに似た子を残してきていたのかも、しれなかった。それとも、トットちゃんが、あまり一生懸命にうたったので、いじらしく、かわいく思ったのかもしれなかった。そして、もしかすると、戦地での体験で、(もうじき食べものもなくなるのに、〝よくかめよ〟の歌をうたってる。)と、かわいそうに思ったのかもしれなかった。そして兵隊さんには、この子どもたちが、これから巻きこまれる、ほんとうの恐ろしいことが、わかっていたのかも、しれなかった。

作文を読む子どもたちの知らないうちに、太平洋戦争は、もう、いつのまにか、始まっていたのだった。

元気の皮

もう、すっかり顔なじみになった、自由が丘の改札口のおじさんに、トットちゃんは、首からひもで下げた定期を見せると、駅を出た。

さて、今日は、そこに、とてもおもしろそうなことが起こっていた。それは、若いお兄さんが、ゴザを敷いて、その上に、あぐらをかいてすわっていて、そのお兄さんの前には、木の皮みたいのが、山のように、積んであった。そして、そのまわりには、見物人が、五、六人、たまって、そのお兄さんのすることを見物していたのだった。トットちゃんも、その見物の中に加わってみることにした。どうしてかっていえば、そのお兄さんが、

「さあ、見てごらん、見てごらん。」

といったからだった。トットちゃんが立ち止まったのを見ると、お兄さんは、いった。

「さあ、人間は健康が第一。朝起きて、自分が元気か、病気かを、調べるのが、この木の皮だ。朝、この木の皮をかんでみて、もし、にがかったら……、それは、病気という証拠。もし、かんでも、にがくなかったら、あんたは大丈夫、病気じゃない。たったの二十銭で、病気がわかる、この木の皮。さあ、そこのだんなさん、ためしにかんでみてください。」

すこし、やせた男の人が、渡された木の皮を、おそるおそる、前歯でかんだ。そして、ちょっとして、その人は、首をかしげながら、いった。

ちひろ

「すこし、にがい……ような気がする……。」

お兄さんは、それを聞くと、とび上がって叫んだ。

「だんなさん、あんたは病気にかかっている。気をつけなさいよ。でも、まだ、そう悪くはない、にがいような、〝気がしてる〟んだから。じゃ、そこの奥さん、ちょっと、これを同じようにかんでみてください。」

おつかいかごを下げた、おばさんは、かなり幅の広いのを、ガリッ！　と、いきおいよくかんだ。そして、うれしそうに、いった。

「まあ！　全然にがくありません。」

「よかったねえ、奥さん、元気だよ、あんたは！」

そして、それから、もっと大きい声で、いった。

「二十銭だよ、二十銭！　これで毎朝、病気にかかってるかどうか、わかるんだから。安いもんだ！」

トットちゃんは、その、ねずみ色みたいな皮を、自分もためしに、かませてもらいたい、と思った。だけど、

「わたしにも……。」

という勇気はなかった。そのかわり、トットちゃんは、お兄さんに聞いた。

「学校が終わるまで、ここにいる?」

「ああ、いるよ。」

お兄さんは、チラリと小学生のトットちゃんを見て、いった。トットちゃんは、ランドセルを、カタカタいわせると、走り始めた。すこし学校におくれそうになったのと、もうひとつ、用事をしなきゃならなかったからだった。その用事というのは、教室につくなり、みんなに聞いてみることだった。

「だれか、二十銭、かしてくれない?」

ところが、だれも、二十銭を、持っていなかった。長い箱に入ったキャラメルが、十銭だったから、そうたいへんなお金じゃないけど、だれも持っていなかった。

そのとき、ミヨちゃんが、いった。

「お父さんか、お母さんに、聞いてみて、あげようか?」

こういうとき、ミヨちゃんが校長先生の娘というのは都合がよかった。学校の講堂のつづきに、ミヨちゃんの家があるから、お母さんも、いつも、学校にいるようなものだったし。

お昼休みになったとき、ミヨちゃんが、トットちゃんを見ると、いった。

「お父さんが、かしてもいいけど、なにに使うのかって！」

トットちゃんは、校長室に出かけていった。校長先生は、トットちゃんを見ると、眼鏡をはずして、いった。

「なんだい？　二十銭いるって？　なにに使うの？」

トットちゃんは、大いそぎで、いった。

「病気か、元気か、かむとわかる、木の皮を、買いたいの。」

「どこに売ってるんだい？」

と、校長先生は、興味深げに、聞いた。

「駅の前！」

トットちゃんは、また、大いそぎで答えた。

「そうかい。いいよ。君が欲しいんなら。先生にもかましてくれよね。」

校長先生は、そういうと、上着のポケットから、お財布を出すと、二十銭を、トットちゃんの、手のひらに、のせた。

「わあー、ありがとう。ママにもらって、お返しします。本なら、いつも買ってくれるけど、ほかのもののときは、聞いてから買うんだけど、でも、元気の皮は、みんながいるから、買ってくれると思うんだ！」

そして、学校が終わると、二十銭を、にぎりしめて、トットちゃんは、駅の前に、いそいだ。お兄さんは、同じような声で叫んでいたけど、トットちゃんが、手のひらの二十銭を見せると、にっこり笑って、いった。

「いい子だね。お父さん、お母さん、よろこぶよ。」

「ロッキーだって！」

と、トットちゃんは、いった。

「なんだい、ロッキーって？」

と、お兄さんは、トットちゃんに渡す皮を、選びながら、聞いた。

「うちの犬！　シェパード！」

お兄さんは、選ぶ手を止めると、すこし考えてから、いった。

「犬ねえ。いいだろう。犬だって、にがきゃ、いやがるから、そしたら、病気だ……。」

お兄さんは、幅が三センチくらいで、長さが、十五センチくらいの皮を、手にすると、いった。

「いいかい？　朝、かんで、にがいと、病気だよ。なんでもなきゃ、元気だぜ。」

お兄さんが、新聞紙にくるんでくれた、木の皮を、トットちゃんは、大切ににぎりしめて、家に帰った。

それから、トットちゃんは、まず、自分でかんでみた。口の中で、ガサガサする、その皮は、にがくも、なんともなかった。

「わーい、わたしは、元気です!!」

ママは、笑いながら、いった。

「そうよ。元気よ。だから、どうしたの？」

トットちゃんは、説明した。ママも、まねをして、皮をかんでみて、そして、いった。

「にがくないわ。」

「じゃ、ママも、元気！」

それから、トットちゃんは、ロッキーのところに行き、口のところに、皮を、さし出した。ロッキーは、まず、においをかぎ、それから、舌でなめた。トットちゃんは、いった。

「かむのよ。かめば、病気かどうか、わかるんだから！」

でも、ロッキーは、かもうとはせず、耳のうしろを、足で、かいた。トットちゃんは、木の皮を、ロッキーの、口のところに、もっと近づけると、いった。

「ねえ、かんでみて？　病気だったら、たいへんなんだから！」

ロッキーは、しかたなさそうに、皮の、ほんの、はじのほうをかんだ。それから、また、においをかぐと、べつに、いやだというふうも見せず、大きく、あくびをした。

「わーい。ロッキーも、元気です!!」

つぎの朝、ママは、二十銭、おこづかいを、くれた。トットちゃんは、まっ先に、校長室に行くと、木の皮を、さし出した。

校長先生は、一瞬、

「これは、なんだろう？」

というふうに皮を見て、それから、つぎに、トットちゃんが、大切そうに、手を開いて、にぎっていた二十銭を先生に渡そうとしてるのを見て、思い出した。

「かんで？　にがいと、病気！」

校長先生は、かんでみた。それから、その皮をひっくり返したり、よく見て、調べた。

「にがいの？」

トットちゃんは、心配そうに、校長先生の顔を、のぞきこんで、聞いた。

「いいや、なんの味も、しないよ。」

それから校長先生は、木の皮を、トットちゃんに返すと、いった。

「先生は元気だよ。ありがとう。」

「わーい、校長先生も元気！　よかった！」

トットちゃんは、その日、学校じゅうのみんなに、その皮を、かたはしから、かんでもらった。だれもかれも、にがくなくて、元気だった。トモエのみんなは、みんな、元気だった。トットちゃんは、うれしかった。

みんなは、校長先生のところに、口々に、

（自分は、元気だ。）

ということを、報告にいった。そのたびに先生は、いった。

「そうかい、よかったな。」

でも、群馬県の自然の中に生まれ、榛名山の見える、川のほとりで育った校長先生には、わかっていたにちがいない。

（この皮は、だれがかんでも、にがくなることは、けっして、ない。）と。

でも、みんなが、「元気！」とわかってよろこぶトットちゃんを、先生は、うれしいと思った。もしも、だれかが、

「にがい！」

といったら、その人のために、トットちゃんが、どんなにか心配する、というような、やさしい子に育っていることを、先生は、うれしい、と思っていた。

そのころ、トットちゃんは、学校の近くを通りかかった野良犬の口に、その皮を、つっこんで、かみつかれそうになっていた。でも、トットちゃんは、負けないで叫んでいた。

「病気かどうか、すぐ、わかるのに。ちょっとだけ、かんでみて？　あんたが、元気だっ

てわかったら、それで、いいんだから！」

そして、見知らぬ犬に、その皮を、かませることに、トットちゃんは、成功した。犬のまわりを、とびはねながら、トットちゃんは、いった。

「よかった。あんたも、元気でーす!!」

犬は頭を下げて、恐縮してるような格好で、どっかに走って、見えなくなった。

校長先生の推察どおり、このあと、あの、お兄さんが、二度と、自由が丘に姿を現すことは、なかった。

でも、トットちゃんは、毎朝、学校に行く前に、まるで、ビーバーが必死でかんで、ボロボロになったような皮を、大切そうに机の引き出しから出してかんでは、

「わたしは、元気でーす!!」

といって、家を出ていくのだった。

そして、ほんとうに、トットちゃんは、元気なのだった。ありがたいことに。

英語の子

今日は、新しい生徒がトモエにきた。小学校の生徒にしては、だれよりも背が高く、全体的にもすごく大きかった。小学生というよりは、

「中学生のお兄さんみたいだ。」

と、トットちゃんは思った。着てるものも、みんなとちがって、大人の人、みたいだったし。

校長先生は、朝、校庭で、みんなに、この新しい生徒を、こう紹介した。

「宮崎君だ。アメリカで生まれて、育ったから、日本語は、あまり上手じゃない。だから、ふつうの学校より、トモエのほうが、友だちも、すぐできるだろうし、ゆっくり勉強できるんじゃないか、ということで、今日から、みんなといっしょだよ。何年生がいいかなあ。どうだい、タアーちゃんたちといっしょの、五年生じゃ。」

絵の上手な、五年生のタアーちゃんは、いつものようにお兄さんらしく、いった。

「いいよ。」

校長先生は、にっこり笑うと、いった。

「日本語は、うまくない、といったけど、英語は得意だからね、教えてもらうといい。だけど、日本の生活になれていないから、いろいろ教えてあげてください。アメリカの生活の話も、聞いてごらん。おもしろいから。じゃ、いいね。」

宮崎君は、自分より、ずーっと、小さい同級生に、おじぎをした。タアーちゃんたちのクラスだけじゃなく、ほかの子も、みんな、おじぎをしたり、手を振ったりした。

お昼休みに、宮崎君が、校長先生の家のほうに行くと、みんなも、ゾロゾロついて行った。そしたら、宮崎君は、家にあがるとき、くつをはいたまま、畳にあがろうとしたから、みんなは、

「くつは、ぬぐの!」

と、大さわぎで、教えてあげた。宮崎君は、びっくりしたように、くつをぬぐと、

「ゴメンナサイ。」

といった。みんなは、口々に、

「畳はぬぐけど、電車の教室と、図書室は、ぬがなくていい。」

とか、

「九品仏のお寺の、お庭はいいけど、本堂は、ぬぐの。」

とか教えた。そして、日本人でも、ずーっと外国で生活していると、いろんなことがちがうのだと、みんなにも、よくわかって、おもしろかった。


つぎの日、宮崎君は、英語の、大きい絵本を、学校に持ってきた。お昼休みに、みんなは、宮崎君を、何重にも、とりかこんで、その絵本を、のぞきこんだ。そして、おどろいた。第一に、こんな、きれいな絵本を見たことが、なかったからだった。みんなの知ってる絵本は、ふつう、色が、まっ赤、とか、みどり色とか、まっ黄色というふうなのに、この絵本の色は、薄い肌色のようなピンクとか、水色でも、白い色や、グレーが、まざっているような、気持ちのいい色で、クレヨンには、ない色だった。二十四色のにもない色で、タアーちゃんだけが持ってる四十八色のクレヨンにだって、ないような色がたくさんあった。みんなは、感心した。それから、つぎに、絵なんだけど、それは、おむつをした、赤ちゃんが、犬に、おむつを、ひっぱられているところから始まっていた。だけど、みんなちゃんは、もちろん、いつものように、抜け目なく、いちばん、絵本に近く、しかも、宮崎君の、そばに、人なつっこく、くっついていた。

宮崎君は、まず、英語で文章を読んでくれた。それは、とてもとても、なめらかな言葉で、みんなは、うっとりした。それから、宮崎君は、日本語と、格闘を、はじめた。どっちにしても、宮崎君は、みんなとちがうものを、トモエに、運んできてくれた。

「赤チャンハ、ベイビィー。」

「赤ちゃんは、ベイビィー!!」

宮崎君のいうとおり、みんなは、声を出した。

それから、また、宮崎君はいう。

「ウツクシハ、ビューティフル。」

「美しいは、ビューティフル。」

みんながいうと、宮崎君は、すぐに、自分の日本語を訂正した。

「ゴメンナサイ、ウツクシ、チガウ、ウツクシイ？」

こうして、トモエのみんなは、宮崎君とすぐ親しくなった。宮崎君も、毎日、いろんな本を学校に持ってきては、お昼休みに読んでくれた。だから、宮崎君は、みんなの、英語の家庭教師というふうだった。でも、そのかわり、宮崎君は、みるみるうちに、日本語が、上手になった。そして、床の間にも、腰をかけたり、しなくなった。

トットちゃんたちも、アメリカについて、いろいろ知った。

トモエでは、いま、日本と、アメリカが親しくなり始めていた。

でも、トモエの外では、アメリカは敵国となり、英語は、敵国の言葉ということで、すべての学校の授業から、はずされた。

「アメリカ人は、鬼！」

と、政府は、発表した。このとき、トモエのみんなは、声をそろえて、叫んでいた。

「美しいは、ビューティフル！」

トモエの上を通りすぎる風は暖かく、子どもたちは、美しかった。

学芸会

「芝居だ！　芝居だ！　学芸会だ！」

トモエはじまって以来のことだった。お弁当の時間に、みんなの前で、毎日だれかが、ひとりずつ出て、おはなしする、というのは、ずーっと続いていたけど、お客さんもきて、講堂の、いつも校長先生が、リトミックのとき弾く、グランドピアノののっている小さいステージの上で、芝居をやるなんて……。とにかく、芝居というものを見たことのある子は、だれもいなかった。トットちゃんだって、バレエの「白鳥の湖」のほかは、見たこと一度だってなかった。それでも、とにかく、学年別に、だし物が検討された。そして、およそ、トモエらしくないけど、教科書に、のっていたかなんかで、トットちゃんのクラスは、「勧進帳」と、決まった。そして丸山先生が、指導してくださることになった。弁慶は、背も高く、からだも大きい税所愛子さんが、いい、ということになり、富樫は、一見まじめで、大きい声の、天寺君に決まった。そして、義経は、みんなの相談の結果、トットちゃんがやることになった。残りのみんなは、山伏の役だった。

さて、けいこが始まる前、みんなは、まず、セリフというのを、おぼえなくちゃならなかった。でも、トットちゃんと、山伏は、セリフがないので、とてもよかった。なぜなら、山伏は、芝居の間じゅう、だまって立っていればよかったし、トットちゃんは、富樫の守っている「安宅の関」を、うまく通るために、弁慶が、主人である義経を、ぶったりして、「こんなのは、ただの山伏です。」という話だから、義経のトットちゃんは、ただ、うずくまっていれば、いいのだった。弁慶の税所さんは、たいへんだった。富樫と、いろいろ、やりとりがあるほかに、なにも書いてない巻物を取り出し、富樫が、

「読んでみてください。」

というから、

「そもそも、東大寺建立のため……。」

とか、即興に、自分で作って、必死に読んで、敵の富樫を感動させる、という、むずかしいところがあるので、毎日、

「そもそも……。」

といっていた。

富樫役の天寺君だって、弁慶を、やりこめなくちゃならないセリフが、たくさんあるので、フウフウいっていた。

さて、いよいよ、けいこが始まった。富樫と弁慶が、むかい合わせになり、弁慶のうしろに山伏が、並んだ。トットちゃんは、山伏の先頭にいた。ところが、トットちゃんは、話が、わかっていなかった。だから、弁慶が、義経のトットちゃんを、つきとばし、棒でぶつと、猛然と、抵抗した。税所さんの足を、けっとばしたり、ひっかいたりした。だから、税所さんは泣くし、山伏は、笑った。

ほんとうなら、どんなに弁慶が義経を、ぶってもたたいても、義経が、されるままになっているので、富樫が、弁慶の心の中の、つらさを思いやって、けっきょく、この、「安宅の関」を、通してやる、という芝居だから、義経が、反抗したのじゃ、芝居にならないのだった。丸山先生は、トットちゃんに説明した。でも、トットちゃんは、絶対に、

「税所さんが、ぶつんなら、わたしだって、ぶつ！」

というので、芝居は進まなかった。

なんど、そこのところをやっても、トットちゃんは、うずくまりながら抵抗した。とうとう丸山先生は、トットちゃんに、いった。

「悪いけど、義経の役は、泰ちゃんに、やってもらうことにしよう。」

トットちゃんにとっても、それは、ありがたいことだった。だって、自分だけが、ぶたれたり、つきとばされるのは、いやだ、と思っていたから。それから、丸山先生は、いった。

「そのかわり、トットちゃんは、山伏になって、ください。」

そこで、トットちゃんは、山伏のいちばんうしろに並ぶことになり、

「これで、やっと、うまく、いく！」

と、みんなが考えたけど、それは、みんなのまちがいだった。というのは、山伏が山を登ったり降りたりするための、長い棒を、トットちゃんに渡したのが、いけなかった。トットちゃんは、立ってるだけで退屈してくると、その棒で、隣の山伏の足を、つっつい たり、もう一人さきの山伏の、わきの下を、くすぐったりした。それから、また、その長

い棒で、指揮者のまねをしたりしたから、まわりのみんなは、あぶなかったし、だいいちに、富樫と弁慶の芝居が、それで、ぶちこわしになるのだった。

そんなわけで、とうとう、トットちゃんは、山伏の役も、おろされてしまった。

義経になった泰ちゃんは、歯をくいしばるようにして、ぶたれたり、けっとばされたりしたから、見る人は、

（かわいそうに！）

と思うにちがいなかった。けいこは、トットちゃん抜きで、順調に進行していた。

一人ぼっちになったトットちゃんは、校庭に出た。そして、はだしになり、トットちゃんふうのバレエを踊り始めた。自分流に踊るのは、気持ちがよかった。トットちゃんは、白鳥になったり、風になったり、ヘンな人になったり、木になったりした。だれもいない校庭で、いつまでも、ひとりで踊った。

でも、心の中では、

（やっぱり、義経やりたかったな。）

という気持ちが、すこしあった。

でも、いざ、やったら、やっぱり、税所さんのこと、ひっかいたり、ぶっちゃったりするに、ちがいなかった。

こうして、あとにも先にも、トモエにとって一回だけの学芸会に、トットちゃんは残念だけど参加できなかったのだった。

はくぼく

トモエの生徒に、よその家のへいや、道に、落書きをする、ということがなかった。というのは、そういうことは、もう充分に学校の中でやっているからだった。

それはどういうのかというと、音楽の時間だけど、生徒が講堂に集まると、校長先生は、みんなに、白い、はくぼくを渡した。生徒は、講堂の床の、思い思いの場所に陣どって、ねっころがったり、中腰になったり、きちんと正座したり、自由な形で、はくぼくを持って、用意する。みんなの準備がそろうと、校長先生がピアノを弾く。そうすると、みんなは、その講堂の床に、先生の弾いてる音楽のリズムを、音符にするのだった。薄茶色で、ツルツルの木の床に、はくぼくで書くのは気持ちがよかった。広い講堂に、トットちゃんのクラスの十人ぐらいが、ばらばらに散らばっているのだから、どんなに大きい音符を書いても、ほかの子に、ぶつかることはなかった。音符といっても、五線を書く必要はなく、ただ、リズムを書けばいいのだった。しかも、それは校長先生とみんなで話し合って決めた、トモエ流の呼びかたの音符だった。

たとえば、

♬は、スキップ（スキップして、とびはねるのにいいリズムだから。）

♪は、ハタ（旗のように見えるから。）

♫は、ハタハタ

𝅘𝅥𝅯は、二マイバタ（二枚の旗）

♩は、黒

𝅗𝅥は、白

𝅗𝅥.は、白に、ほくろ（または、しろてん）

𝅝は、マル（全音符のこと）

……と、こんなふうだったから、とても音符に親しめたし、おもしろかったから、この時間は、みんなの楽しみな授業だった。

床に、はくぼくでかく、というのは、校長先生の考えだった。紙だと、どんどん、はみ出しちゃうし、黒板では、みんなが書くのに、数が足りなかった。だから、講堂の床を、大きい黒板にして、はくぼくで書けば、「体も自由に動かせるし」「どんなに早いリズムでも、どんどん書けたし」「大きい字で、かまわなかった」。なによりも、のびのびと、音楽をたのしめるのが、よかった。そして、すこし時間があると、ついでに飛行機だの、お人形さんだのの絵も、かいて、かまわなかった。だから、ときどき、わざと、隣の子のところまで、つづくようにして、みんなが、つなげっこをして、講堂じゅうが、ひとつの絵になることも、あった。

音符の授業は、音楽が一区切りすると、校長先生が降りてきて、ひとりずつのを見てまわる、というやりかただった。

そして、

「いいよ。」

とか、

「ここは、ハタハタじゃなくて、スキップだったよ。」

とか、いってくださった。そして、みんなが、ちゃんと直すと、先生は、もう一度、弾いて、みんなも、そのリズムを正確に、たしかめて、納得するのだった。こういうとき、校長先生は、どんなにいそがしくても、人まかせにすることは、絶対になかった。そして、生徒たちも、小林校長先生じゃなくちゃ、絶対に、おもしろくなかった。

ところで、この音符のあと、掃除が、かなり、たいへんだった。まず、黒板消しで、はくぼくをふき、そのあとは、みんなが共同で、モップだの、おぞうきんだので、すっかり、床を、きれいにするのだった。それでも、講堂じゅうぜんぶをふくのは、大ごとだった。

こんなわけで、トモエのみんなは、「落書きや、いたずら書きをしたら、あとがたいへん！」と知っていたから、講堂の床以外では、しなかったし、だいいちに、一週間に、二度くらいある、この授業で、落書きの楽しみは、もう、充分に満たされていた。

トモエの生徒は、「はくぼくの感触って、どういうの」とか、「どうにぎって、どう動かせば、うまく書けるか」とか、「はくぼくを折らない方法」とかを、ほんとうに、よく知っていた。つまり、どの子も、〝はくぼく評論家〟になれるくらいだったのだから。

泰明ちゃんが死んだ

春休みが終わって、初めて学校に集まった日の、朝だった。校庭で、小林先生は、みんなの前に立つと、両手を上着のポケットにいれた、いつもの格好で、じーっと、立っていた。それから、両手をポケットから出すと、みんなを見た。先生の顔は、泣いているようだった。先生は、ゆっくり、いった。

「泰明ちゃんが、死んだよ。今日、みんなでお葬式に行こう。泰明ちゃんは、みんなの友だちだったね。とても残念だよ、先生も。悲しい気持ちで、いっぱいだ……。」

そこまでいうと、先生の目のまわりがまっ赤になり、涙が、先生の目から落ちた。生徒たちは、みんな呆然として、だれも声を出す子は、いなかった。みんなの胸の中には、それぞれ、泰明ちゃんに対する想いが、こみあげていたにちがいなかった。これまでに、こんな悲しい静かさが、トモエの庭を通りすぎたことは、なかった。

トットちゃんは、思った。

「そんなに早く、死んじゃうなんて。春休みの前に、泰明ちゃんが、『読めば？』って貸してくれた〝アンクルトムの小屋〟だって、まだ終わりまで、読めていないくらいなのに。」

トットちゃんは、泰明ちゃんのことを、思い出していた。春休みの前に、別れるとき、本を渡してくれたときの、曲がった指のこと。初めてあった日、

「どうして、そんなふうに歩くの？」

と聞いたトットちゃんに、

「ぼく、小児麻痺なんだ。」

って、やさしく、静かに教えてくれたときの、あの声と、すこし笑った顔と。夏の、あの二人だけの大冒険、秘密の木登りも（トットちゃんより、年も背も大きかったけど、トットちゃんを信頼し、ぜんぶトットちゃんに、まかせた、あのときの、泰明ちゃんのからだの重さも、今は、なつかしかった）。「テレビというものが、アメリカにある。」って教えてくれたのも泰明ちゃんだった。

トットちゃんは、泰明ちゃんが好きだった。お休み時間だって、お弁当のときだって、学校が終わって駅まで帰るときだって、いつもいっしょだった。なにもかもが、なつかしかった。でも、トットちゃんは、もう二度と泰明ちゃんは、学校にこないとわかっていた。死ぬって、そういうことなんだから。あのかわいがってた、ひよこだって、死んだら、もう、どんなに呼んでも、動かなかったんだから。

泰明ちゃんのお葬式は、泰明ちゃんの家のある田園調布の、家とは反対側の、テニスコートの近くの教会だった。生徒は、みんな、だまって、自由が丘から一列になって、教会まで歩いていった。いつもはキョロキョロするトットちゃんも、下を見たまま、ずーっと歩いていた。そして、校長先生から、初めて話を聞いた、さっきと、今の考えが、すこしちがっていることに気がついた。さっきは、(信じられない。)という気持ちと、(なつかしい。)という気持ちだったけど、今は、(もう一度だけでいいから、生きてる泰明ちゃんと会いたい。会って、話がしたい。)という思いで、胸がいっぱいだった。

教会は、白い百合の花が、たくさんあった。泰明ちゃんの、きれいなお姉さんや、お母さんや、お家の人たちが、黒い洋服を着て、入り口の外に立っていた。みんな、トットちゃんたちを見ると、それまでより、もっと泣いた。みんな、白いハンケチを、ぎゅーっと持っていた。トットちゃんは、生まれて初めて、お葬式を見た。お葬式は、悲しいものとわかった。話をしてる人は、だれもいなかった。オルガンが、静かに讃美歌をうたっていた。教会の中は、太陽の光が入って明るいのに、楽しい気持ちは、もう、どこを探しても、ないように思えた。腕に黒いリボンを巻いた男の人が、トモエのみんなに、白い花を一本ずつ渡して、それを持って、一列になって教会に入り、泰明ちゃんの寝てるお棺の中に、そーっと、それを入れてください、と説明した。

泰明ちゃんは、お棺の中にいた。花にかこまれて、目をつぶっていた。でも、死んでいても、いつものように、やさしく、りこうそうに見えた。トットちゃんは、ひざをつくと、花を、泰明ちゃんの、手のところに置いた。そして、泰明ちゃんの、手に、そっと、さわった。トットちゃんが、なんども、ひっぱった、なつかしい手。汚れて小さいトットちゃんの手にくらべて、泰明ちゃんの手は、まっ白で、指が長く、大人っぽく見えた。

(じゃね。)

と、トットちゃんは、小さな声で、泰明ちゃんに、いった。

（いつか、うんと大きくなったら、また、どっかで、会えるんでしょう。そのとき、小児麻痺、なおってると、いいけど。）

それから、トットちゃんは立ち上がり、もう一度、泰明ちゃんを見た。そうだ！　だいじなこと忘れていた。

（〝アンクルトムの小屋〟、もう返せないわね。じゃ、わたし、あずかっとく。今度、会うときまで。）

そして、トットちゃんは歩きはじめた。そのとき、うしろから、泰明ちゃんの声が聞こえるような気がした。

「トットちゃん！　いろんなこと、楽しかったね。君のこと、忘れないよ。」

（そうよ。）

トットちゃんは、教会の出口のところで、ふり返って、いった。

（わたしだって、泰明ちゃんのこと、忘れない！）

明るい春の日差しが……、初めて泰明ちゃんと、電車の教室で会った日と同じ、春の日差しが、トットちゃんのまわりを、とりかこんでいた。でも、涙が、いまトットちゃんのほおを伝わっているのが、初めて会った日と、ちがっていた。

スパイ

泰明ちゃんのことで、トモエのみんなは、ずーっと悲しかった。とくにトットちゃんのクラスは、朝、電車の教室で、もう、いくら授業が始まる時間になって泰明ちゃんがこなくても、それは遅刻じゃなくて、絶対にこないのだ、となれるのに時間が、かかった。一クラスが、たったの十人というのは、ふだんはいいけど、こういうときには、(とても、都合が悪い。)と、みんなは思った。

「泰明ちゃんがいない。」

ということが、どうしても、目で見えてしまうからだった。でも、せめてもの救いは、みんなのすわる席が決まっていないことだった。もし、泰明ちゃんの席が決まっていて、そこが、いつまでも空いてるとしたら、それは、とても、つらいことだったにちがいない。でも、トモエでは、毎日、好きな席に自由にすわっていい、というきまりだったから、そこのところは、ありがたかった。

このところ、トットちゃんは、自分が大きくなったら、「なにになろうか？」ということを考えるようになっていた。もっと小さいころは、チンドン屋さんとか、バレリーナと思っていたし、初めてトモエにきた日には、駅で、電車の切符を売る人もいい、と思った。でも、いまは、もうすこし、女らしく、なにか、かわっていることを仕事にする人になりたい、と考えていた。

（看護婦さんもいいな……。）

と、トットちゃんは、思いついた。

（でも……。）

と、すぐにトットちゃんは思い出した。

（この前、病院にいる兵隊さんをお見舞いに行ったとき、看護婦さんは、注射なんか、してあげてたじゃない？　あれは、ちょっと、むずかしそうだ……。）

「そうかといって、なにがいいかなあ……。」

いいかけて、突然、トットちゃんは、うれしさで、いっぱいになった。

「なんだ、ちゃんと、なるもの、前に決めてたんだ！」

それからトットちゃんは、泰ちゃんのそばに行った。ちょうど泰ちゃんは、教室で、アルコールランプに火をつけたところだった。トットちゃんは、得意そうにいった。

「わたし、スパイになろうと思うんだ！」

泰ちゃんは、アルコールランプの炎から、目をトットちゃんにむけると、じっと、トットちゃんの顔を見た。それから、すこし考えるように、目を窓の外にやり、それから、トットちゃんのほうにむきなおると、響きのあるりこうそうな声で、そして、トットちゃんにわかりやすいように、ゆっくりと、いった。

「スパイになるにはね、頭がよくなくちゃ、なれないんだよ。それに、いろんな国の言葉だってできなくちゃなれないし……。」

そこまでいうと、泰ちゃんは、ちょっと、息をついた。そして、目をそらさずに、はっきりと、トットちゃんを見て、いった。

「だいいち、女のスパイは、顔がきれいじゃなくちゃ、なれないんだよ。」

トットちゃんは、だんだん目を泰ちゃんから床に落とし、顔も、すこし、うつむくよう

な形になった。それから泰ちゃんは、すこし間をおき、今度は、トットちゃんから目をそらして、小さな声で、考えながら、いった。

「それに、おしゃべりの子は、スパイには、なれないんじゃないかなあ……。」

トットちゃんは、びっくりした。それは、スパイになることを反対されたからじゃなかった。泰ちゃんのいうことが、すべて正しいからだった。すべてが、思いあたることだった。

トットちゃんは、どこをとっても、スパイになれる才能はない、と、自分でも、よくわかった。泰ちゃんが、意地悪でいってるんじゃないことはもちろんだった。スパイは、あきらめるよりしか、なかった。やっぱり相談してよかった。

(それにしても!)

と、トットちゃんは、心の中で考えた。

(すごい! 泰ちゃんは、わたしと同じ年なのに、こんなに、いろんなことが、よくわかっているなんて……。)

もし、泰ちゃんが、トットちゃんに、

「ぼく、物理学者になろうと思うんだけど!」

なんていったら、いったい、どんなことを、いってあげられるだろうか。

「アルコールランプに、マッチで上手に火がつけられるもの、なれると思うわ……。」

でも、これじゃ、ちょっと子どもっぽいかなあ。

「英語で、きつねはフォックスで、くつはシューズ、って知ってるんだもの、なれるんじゃないの?」

これでも、充分じゃ、なさそうだ。

(でも、泰ちゃんなら、いずれにしても、りこうな人のする仕事にむいている。)

と、トットちゃんは、思った。だから、トットちゃんは、だまって、フラスコの泡を見つめてる泰ちゃんに、やさしく、いった。

「ありがとう。スパイはやめる。でも、泰ちゃんは、きっと偉い人になるわ。」

泰ちゃんは、口の中で、なにか、モゾモゾいうと、頭をかきながら、開いた本の中に、頭を、うずめてしまった。

(スパイもだめなら、なにになったら、いいのかな?)

トットちゃんは、泰ちゃんと並んで、アルコールランプの炎を見つめながら、考えていた。

ヴァイオリン

戦争は、いつのまにか、トットちゃんたちの生活の中に、その恐ろしい姿を見せ始めていた。

毎日、お隣や、ご近所の、おじさんやお兄さんが、日の丸の旗と、「ばんざーい!! ばんざーい!!」に送られて、いなくなっていった。食べものは、どんどん、お店から姿を消した。トモエのお弁当の、「海のものと山のもの」も、実行がむずかしくなり、それでも、ママたちは、なんとか、「のりと梅干し」で、海と山にしていたけど、だんだん、それすらも、たいへんになってきた。なにもかもが配給になった。お菓子なんて、もう、どこをさがしても、見ることはできなかった。

トットちゃんは、家に帰る駅の、一つ手前の、〝大岡山〟の駅の階段の下に、お金を入れると、キャラメルが出てくる機械が置いてあるのを知っていた。その機械の上のほうには、おいしそうな、キャラメルの絵がかいてあった。キャラメルは、小さい箱が五銭で、長い箱のが、十銭だった。でも、その機械の中には、もう、ずーっと前から、キャラメルは、入っていなかった。だから、どんなにお金を入れても、たたいても、なにも出てこないのだった。でも、トットちゃんは、みんなより、しつこかった。

「もしかすると、一箱くらい、残っているのが出てくるんじゃないか？」

「どっかに、ひっかかっているかもしれない！」

そう思ったから、毎日、わざわざ電車を途中下車しては、五銭と十銭を入れて、ためしてみるのだった。でも、いつも、お金だけがチャリン！　と音をたてて、もどってきた。

そんなとき、パパにだれかから、話があった。それは、軍需工場という、兵器とか、そのほか戦争で使うものを作っているところに行って、軍歌をヴァイオリンで弾くと、帰りに、お砂糖とか、お米とか、ヨウカンなどが、もらえる、という、ふつうなら、耳よりの話だった。とくにそのころ、〝優秀音楽家〟ということで表彰されたパパは、ヴァイオリニストとして有名だったから、おみやげも、たくさんいただけるだろうと、話を持ってきた、その人は、いった。

ママがパパに聞いた。

「どうする？　行ってみる？」

たしかに、演奏会の数は、へっていた。だいいち、出征していく人がふえてきて、オーケストラのメンバーもそろっていなかった。NHKの放送の仕事も、ほとんどが戦争のことになっていて、パパたちの音楽の仕事はすくなかった。だから、今では、こういう仕事も、ありがたい、はずだった。

でも、パパは、ママの質問に、時間をかけて、答えた。

「……ぼくのヴァイオリンで、軍歌は、弾きたくない。」

ママは、いった。

「そうね。やめれば？　食べものだって、なんとか、なるわよ。」

パパだって、トットちゃんが、ろくな食べものしかなくて、毎日、キャラメルの販売機に、むなしく、お金を入れてることは、知っていた。だから、ちょっと行って、軍歌を弾いて、おみやげをもらって帰れば、どんなに家の中が、たのしくなるか、そして、トットちゃんにも、食べものを、おなかいっぱい、食べさせてやれるだろうことは、わかっていた。

でも、それより以上に、パパには、自分の音楽が大切だった。ママにも、それが、よくわかっていたので、

「ちょっと行ってきてくだされば、いいのに……。」

なんて、いわなかったのだった。

パパは、トットちゃんに、悲しそうに、いった。

「ごめんね、トット助！」

トットちゃんには、まだ芸術とか、思想とか、また、仕事のことは、よくわからなかった。でも、パパがほんとうにヴァイオリンが好きで、そのために、勘当というのになって、家や、親戚の、のけものにされたことや、あと、いろんなたいへんなことがあったけど、それでも、絶対にやめなかったってこと、知っていたから、いやなものは、弾かないほうがいい、と思った。だから、トットちゃんは、パパのまわりを、とびはねながら、元気にいった。

「平気！　わたしもパパのヴァイオリン、好きだもの！」

だけど、つぎの日も、トットちゃんは、また、大岡山の駅で降りて、キャラメルの出口を、のぞきこんだ。

けっして、なにも出てくるはずのない、出口を。

約束

お弁当がすんで、みんなで、丸く並べた机やいすを片づけると、講堂は広くなる。トットちゃんは、

「今日は、まっ先に、校長先生に、よじのぼろう。」

と決めていた。いつもそう思ってるんだけど、ちょっと油断すると、もう、だれかが、講堂のまん中に、あぐらをかいてる先生の足の間に入りこんでいて、背中には、二人ぐらい、よじのぼって、さわいでいて、そして校長先生は、

「おい、よせよ、よせよ！」

と、まっ赤な顔で笑いながらいうんだけど、その子たちは、一度、占領した先生の体か

ら、はなれまい、と必死だった。だから、ちょっとおそくなると、もう、小柄な校長先生の体は、大混雑なのだった。でも、今日、トットちゃんは決めたから、先生がくる前から、その場所……講堂のまん中……に、立って待っていた。そして、先生が歩いてくると、こう叫んだ。

「ねえ、先生、はなし、はなし!!」

先生は、あぐらをかくために、すわりながら、うれしそうに聞いた。

「なんだい？　はなしって。」

トットちゃんは、数日前から、心に思ってることを、いま、はっきり先生に、いおうとしていた。先生が、あぐらをかくと、突然、トットちゃんは、（今日は、よじのぼるのは、やめよう。）と思った。こういう話は、ちゃんと、むかいあうのが、適当、というふうに考えたからだった。だから、トットちゃんは、先生にむかいあい、くっついて正座した。そして、顔をすこしまげた。小さいときから、「いいお顔！」と、ママなんかにいわれている顔をした。それは、歯をすこし見せて笑う、よそゆきの顔だった。この顔のときは、自信があり、いい子だと、自分でも思っているときだった。

先生は、ひざを、のり出すようにして聞いた。

「なんだい？」

トットちゃんは、まるで、先生の、お姉さんか、お母さんのように、ゆっくりと、やさしく、いった。

「わたし、大きくなったら、この学校の先生に、なってあげる。必ず。」

先生は、笑うかと思ったら、そうじゃなく、まじめな顔をして、トットちゃんに聞いた。

「約束するかい？」

先生の顔は、ほんとうに、トットちゃんに、「なってほしい。」と思っているように見えた。トットちゃんは、大きくうなずくと、

「約束！」

といった。いいながら、（ほんとうに。絶対に、なる！）と自分にも、いいきかせた。

この瞬間、はじめて、トモエにきた朝のこと……ずいぶんむかしに思えるけど、あの一年生のときの……はじめて、先生に、校長室で会ったときのことを思い出していた。先生

は、四時間も、自分の話を、ちゃんと聞いてくれた。あとにも、先にも、トットちゃんの話を、四時間も、聞いてくれた、大人は、いなかった。そして、話が終わったとき、

「今日から、君は、もう、この学校の生徒だよ。」

って、いってくださったときの、先生の、あったかい声。いま、トットちゃんは、あのときより、もっと、

（小林先生は、大好きだ。）

と思っていた。そして、先生のために働くこと、先生のためになることなら、なんでもしようと心に決めていた。

先生は、トットちゃんの決心を聞くと、いつものように、歯のぬけた口を、はずかしそうにしないで、見せて、うれしそうに、笑った。

トットちゃんは、先生の目の前に、小指をつき出した。

「約束！」

先生も小指を出した。短いけど、力強そうな、信頼できそうな、先生の小指だった。

トットちゃんと、先生は、指きりゲンマン！　をした。先生は笑っていた。トットちゃん

も、先生がうれしそうなのを見て、安心して、笑った。

トモエの先生になる!!

なんて、すばらしいことだろう。

(わたしが、先生になったら……。)

トットちゃんが、いろいろ想像して、思いついたことは、つぎのようなことだった。

「勉強は、あんまり、やらないでさ。運動会とか、ハンゴウスイサンとか、野宿とか、いっぱいやって、それから、散歩!」

小林先生は、よろこんでいた。大きくなったトットちゃんを想像するのは、むずかしかったけど、きっと、トモエの先生になれるだろう、と考えていた。そして、どの子も、トモエを卒業した子は、小さい子どもの心を忘れるはずはないのだから、どの子も、トモエの先生になれるはずだと考えていた。

日本の空に、いつアメリカの飛行機が爆弾をつんで、姿を見せるか、それは、時間の問題、といわれているとき、この、電車が校庭に並んでいるトモエ学園の中では、校長先生と、生徒が、十年以上も先の、約束を、していた。

ロッキーが、いなくなった

たくさんの兵隊さんが死に、食べものがなくなり、みんなが恐ろしい気持ちで暮らしていても、夏は、いつもと同じように、やってきた。太陽は、戦争に勝ってる国にも、負けてる国にも、同じように、光を送ってきた。

トットちゃんは、いま、鎌倉の、おじさまの家から、夏休みが終わるので東京の自分の家に帰ってきたところだった。

トモエでの、楽しかった野宿や、土肥温泉への旅などは、もう、なにもできなかった。学校のみんなといっしょのあの夏休みは、もう、二度と味わえそうになかった。そして、毎年、いとこたちと過ごす鎌倉の家も、いつもの夏とは、まったくちがっていた。毎年、みんなが、こわくて泣いちゃうくらい上手に、怪談をしてくれた親戚の大きいお兄さんが、兵隊に行ってしまった。だから、もう、怪談は、なしだった。それから、アメリカでの、いろんな生活の話を、ほんとうかうそか、わからないくらいおもしろく話してくれる、おじさまも、戦地だった。この、おじさまは、第一級の報道カメラマンで、名前を、田口修治といった。

でも、「日本ニュース」のニューヨーク支社長や「アメリカ・メトロニュース」の極東代表をしてからは、シュウ＝タグチ、としてのほうが有名だった。この人は、トットちゃんのパパのすぐ上のお兄さんで、ほんとうの兄弟だけど、パパだけが、パパのお母さんの家の姓をついだので、名前がちがうわけで、ほんとうなら、パパも、「田口さん」になるはずだったんだけど。

この、おじさまの写した「ラバウル攻防戦」とか、そのほかの、いろんなニュース映画は、つぎつぎと映画館で上映されていたけど、戦地から、フィルムだけが送られてくるのだから、おばさまや、いとこたちは、心配していた。なぜって、報道カメラマンは、いつも、みんなの危険なところを撮るのだから、みんなより、もっと先に行って、ふり返って待っていて写さなければ、ならないからだった。あとから行ったのでは、みんなの後ろ姿しか、撮れないからだった。道がなければ、みんなより先に、道のないところを、かきわけて、先か、または、横に行って撮るのが仕事だった。みんなの作ってくれた道を行ったたのでは、こういう戦争中のニュースは撮れないのだと、親戚の大人たちは、話していた。鎌倉の海岸も、なんとなく、心細そうだった。

そんななかで、おかしかったのは、この、おじさまの家のいちばん上の男の子の、寧ちゃん、という子だった。トットちゃんより、一歳くらい下だったけど、寝る前に、トットちゃんや、ほかの子どもたちの寝るカヤの中で、「天皇陛下、ばんざい!!」といって、ばったり倒れて戦死する兵隊さんのまねを、なんども真剣にやるんだけど、それをやった晩は、なぜか、必ず、ねぼけて、夜中に、縁側から落ちて、大さわぎに、なるのだった。

トットちゃんのママは、パパの仕事があるので、パパと東京だった。

さて、夏休みが終わる今日、ちょうど、東京に帰る大きい親戚のお姉さんがきていたので、トットちゃんは、いま、家まで連れて帰ってきていただいたところだった。

家に帰ったトットちゃんは、まず、いつものように、犬のロッキーを探した。でも、ロッキーは、どこにも見えなかった。家の中にはもちろん、庭にも、パパの趣味の蘭なんかがあった温室にも。トットちゃんは心配になった。いつもなら、トットちゃんが、家の近くまで帰ってきただけで、どっかから、とび出してくるロッキーなんだから……。トットちゃんは、家を出て、ずーっと、外の通りのほうまで行って、名前を呼んだけど、どこからも、あの、なつかしい目や耳や、しっぽは見えなかった。トットちゃんは、自分が外に出ているうちに、家に帰ってるかもしれないと思って、走って帰ってみた。でも、まだ帰ってきていなかった。トットちゃんは、ママに聞いた。

「ロッキーは？」

さっきから、トットちゃんが走りまわっているのを、知っているはずのママは、だまっていた。トットちゃんは、ママのスカートをひっぱって聞いた。

「ねえ、ロッキーは？」

ママは、とても答えにくそうに、いった。

「いなくなったの。」

トットちゃんは、信じられなかった。

（いなくなった？）

「いつ？」

トットちゃんは、ママの顔を見て聞いた。

ママは、どうしたらいいか……というふうな悲しい感じで、いった。

「あなたが、鎌倉に出かけて、すぐ。」

それから、ママは、いそいで、つけ足した。

「ずいぶんさがしたのよ。遠くまで行ってみたし、みんなにも聞いてみたけど、どこにも、いないのよ。あなたに、なんていったら、いいか、ママは考えていたんだけど……。ごめんなさいね……。」

そのとき、トットちゃんは、はっきりと、わかった。

ロッキーは、死んだんだ。

(ママは、わたしを悲しませないように、いってるけど、ロッキーは死んだんだ。)

トットちゃんには、はっきりしていた。今まで、トットちゃんが、どんなに遠くに出かけても、ロッキーは、絶対に、遠出をすることは、なかった。なぜなら、トットちゃんが、必ず帰ってくることを知っていたからだった。

(わたしに、なにもいわずに、ロッキーが出かけて行くなんて、絶対に、ない。)

それは、確信に近かった。

トットちゃんは、それ以上、ママになにもいわなかった。ママの気持ちは、充分に、わかったからだった。トットちゃんは、下をむいたまま、いった。

「どこに行ったのかなあー。」

そういうのが、精いっぱいで、トットちゃんは、二階の自分の部屋に、かけこんだ。ロッキーのいない家の中は、よその家のようにさえ、思えた。トットちゃんは、部屋に入ると、泣きそうになるのを我慢して、もう一度、考えてみた。それは、ロッキーに対して、なにか、〝意地悪なこととか、家を出ていくようなことをしなかったか、どうか?〟ということだった。

小林先生は、いつも、トモエの生徒に、いっていた。

「動物を、だましちゃ、いけないよ。君たちを信じてる動物を、裏切るようなことを、しちゃ、かわいそうだからね。犬なんかに〝お手をしたらお菓子をやるよ。〟なんて、いって、お手をさせて、なにもやらなかったりするなよ。犬は、君たちを信じなくなるし、性格が悪くなるからね。」

このことを守っているトットちゃんは、ロッキーを、だますようなことは、していなかったし、思いあたることは、まったく、なかった。

そのとき、トットちゃんは、床においてある、熊のぬいぐるみの足に、くっついているものを見た。いままで、我慢していたトットちゃんは、それを見ると、声をあげて、泣いた。それは、ロッキーの、薄茶色の毛だった。トットちゃんが、鎌倉に出発する朝、ロッキーと、ここで、ふざけて、ころがったりしたとき、ロッキーから、ぬけ落ちた毛だった。その、ほんの数本の、シェパードの毛を、手ににぎりしめたまま、トットちゃんは、いつまでも、いつまでも、泣いた。涙も、泣く声も、どうしても、止まらなかった。

泰明ちゃんに続いて、トットちゃんは、また、親友を、なくしてしまった。

茶話会

トモエで、みんなから人気のある、小使いさんの良ちゃんが、とうとう出征することになった。生徒より、ずーっと、大人で、おじさんだったけど、みんなは、親しみをこめて、

「良ちゃん!!」

と呼んだ。そして、良ちゃんは、みんながこまったときの、助けの神様だった。良ちゃんは、なんでもできた。いつも、だまって笑っているけど、こまって助けのいる子の必要とするものを、すぐ、わかってくれた。トットちゃんが、トイレの汲み取り口の、地面にあるコンクリートのふたが、開いているのに気がつかなくて、遠くから走ってきて、胸までドップリ、落っこちたときも、すぐ助けてくれて、いやがりもしないで洗ってくれたのも、良ちゃんだった。

小林先生は、出征して行く良ちゃんのために、

「茶話会をしよう。」

といった。

「サワカイ?」

なんだろう? みんなは、すっかり、うれしくなった。なんにも知らないことを知るのは、うれしいことだから。もちろん、子どもたちには、「送別会」とせずに、「茶話会」とした、小林先生の配慮までは、わかっていなかった。送別会といったら、(それは、悲し

い。）と、始めから、大きい子には、わかってしまうにちがいなかった。でも、「茶話会」は、だれも知らなかったから、みんな興奮した。

放課後、小林先生は、みんなに講堂に、お弁当のときのように、机を、まるく並べるように、といった。みんなが、まるくなって、すわると、小林先生は、みんなに、スルメの焼いた細いのを、一本ずつ、配った。これでも当時としては、大ごちそうだった。それから、先生は、良ちゃんと並んですわると、コップに入った、すこしのお酒を、良ちゃんの前においた。出征していく人だけに、配給になる、お酒だった。校長先生は、いった。

「トモエで初めての、茶話会だ。楽しい会にしようね。みんな、良ちゃんに、いいたいことがあったら、いってください。良ちゃんだけじゃなく、生徒に、いってもいいよ。一人ずつ、まん中に立って、さあ、始めよう。」

スルメを、学校で食べるのも初めてなら、良ちゃんが、みんなといっしょにすわるのも、それから、お酒をチビチビやる、良ちゃんを見るのも初めてだった。

つぎつぎに、みんなは、良ちゃんのほうをむいて立つと、考えをいった。はじめのうちの、だれかは、「いってらっしゃい。」とか、「病気しないでね。」とか、いうふうだったけ

ど、トットちゃんのクラスの右田君が、

「こんど、田舎から、葬式まんじゅう、持ってきて、みんなにあげます!!」

なんて、いったころから、もう、大笑いになった。(だって、右田君は、もう一年も前から、そのまえに田舎で食べた、この葬式まんじゅうの味が忘れられなくて、ことあるごとに、みんなに、「くれる」、と約束してたんだけど、一度も、持ってきてくれたことがないからだった。)


校長先生は、はじめ、この右田君の「葬式まんじゅう」という言葉を聞いたときは、(どきっ!!)とした。ふつうなら、縁起が、悪い言葉だから。でも、右田君が、じつに無邪気に、「みんなに、おいしいものを食べさせたい。」という気持ちをあらわしているのだから、と、いっしょに笑った。良ちゃんも、大笑いした。良ちゃんも、もう、ずーっと、「持ってきてやる。」と、右田君から、いわれていたからだった。

大栄君は、

「ぼくは、日本一の園芸家になります。」

と約束した。大栄君は、等々力にある、ものすごく、大きい園芸家の子どもだった。青木恵子ちゃんは、だまって立つと、いつものように、はずかしそうに笑って、だまって、おじぎをして、席にもどった。トットちゃんは、出しゃばって、まん中にいくと、恵子ちゃんの、おじぎに、つけ足した。

「恵子ちゃん家の、ニワトリ、空を、とぶんでーす。わたしは、この間、見ましたよ！」

天寺君がいった。

「ケガした猫や、犬がいたら、ぼくのところへ持ってきてね。なおして、あげるから。」

高橋君は、机の下を、あっ！　というまにくぐって、まん中に立つと、元気にいった。

「良ちゃん、ありがとう。いろんなこと、ぜんぶ、ありがとう。」

税所愛子さんは、

「良ちゃん、いつか、ころんだとき、包帯してくださって、ありがとう。忘れません。」

といった。税所さんは、日露戦争で有名な、東郷元帥が大叔父さまにあたり、また、明治時代の、おうたどころの歌人として知られた税所敦子の親戚でもあった。（でも、税所さんは、自分で、そういうことを口に出すことは、一度もなかった。）

ミヨちゃんは、校長先生の娘だから、いちばん、良ちゃんと、親しい間柄だった。そのせいか、涙が、目に、いっぱいになった。

「気をつけて行ってね、良ちゃん。手紙、書くわね。」

トットちゃんは、あんまりたくさん、いいたいことがあって、こまった。でも、これに決めた。

「良ちゃんが行っちゃっても、わたしたちは、毎日、サワカイ、やりまーす!!」

校長先生も良ちゃんも笑った。みんなも、トットちゃんまで笑った。

でも、このトットちゃんのいったことは、つぎの日から、ほんとうになった。みんなは、ひまがあると、グループになって、「サワカイごっこ」を始めた。スルメのかわりに、木の皮などを、しゃぶりながら、お酒のつもりの、お水の入ったグラスを、チビチビやりながら、

「葬式まんじゅう、持ってくるからね。」

とかいっては、笑って、自分たちの気持ちを発表しあった。食べものがなくても、サワカイは、楽しかった。

この「サワカイ」は、良ちゃんが、トモエに残してくれた、すばらしい贈りものだっ

た。そして、そのときは、みんなが考えてもいなかったことだけど、これが、じつは、そのあと、みんなが、別れ別れになってしまう前の、トモエでの最後の、心の通いあう、楽しい、お遊びだったのだ。

良ちゃんは、東横線に乗って、出発した。

やさしい良ちゃんと入れ違いに、アメリカの飛行機が、とうとう、東京の空に現れて、毎日、爆弾を、落としはじめた。

さよなら、さよなら

トモエが焼けた。

それは、夜のことだった。学校に続いている、校長先生の家にいたミヨちゃんや、お姉さんのみさちゃんや、ミヨちゃんのお母さんは、九品仏の池のそばの、トモエの農園に逃げて、無事だった。

B29の飛行機から、焼夷弾は、いくつも、いくつも、トモエの、電車の校舎の上に落ちた。

校長先生の夢だった学校は、いま、炎に包まれていた。先生がなによりも愛した子どもたちの笑い声や、歌声のかわりに、学校は、恐ろしい音をたてて、くずれていく。もう、手のつけようもないくらい、その火は、学校を焼いた。自由が丘の、あっちこっちにも、火の手が、あがった。

その中で、校長先生は、通りに立って、トモエの焼けるのを、じーっと、見ていた。いつものように、すこしヨレヨレの、でも、黒の三つぞろいだった。上着のポケットに、両手をつっこんだ、いつもの形だった。校長先生は、火を見ながら、そばに立っている息子の、大学生の巴さんに、いった。

「おい、今度は、どんな学校、作ろうか？」

巴さんは、びっくりして、小林先生の言葉を聞いた。

小林先生の子どもに対する愛情、教育に対する情熱は、学校を、いま包んでいる炎より、ずーっと大きかった。先生は、元気だった。

そのころ、トットちゃんは、満員の疎開列車の中で、大人にはさまれながら、寝ていた。

汽車は、東北に、むかっていた。トットちゃんは、別れぎわに、先生が、いったこと、

「また会おうな！」

それから、いつも、いつも、いい続けてくださった、

「君は、ほんとうは、いい子なんだよ。」

（……このことを忘れないようにしましょう。）

と、暗い窓の外を見ながら、考えた。そして、

（いつか、また、すぐ小林先生に会えるんだから。）

と安心して、寝たのだった。

汽車は、闇の中を、不安の人たちをのせ、音をたてて、走っていた。

あとがき

トモエのことを書く、というのは、長い間、もっとも、私がしたいと思っていたことの、ひとつでした。読んでくださって、ほんとうに、ありがとうございました。この中に書いたことは、どれも作りものじゃなく、実際にあったことでした。そして、ありがたいことに、私は、いろんなことを、忘れていませんでした。それを、書いておきたい、ということと、もうひとつ、この本の「約束」の章で、私は、「大きくなったら、トモエの先生になってあげる。」と、小林先生と約束をしました。それなのに、その約束を実行しませんでした。ですから、せめて、こういう小林先生という人がいて、どんなに子どもに対して深い愛情を持っていたか、子どもたちを、どんなふうに教育したか、ということを、具体的に、お伝えしなくちゃ、と思ったんです。

悲しいことに、小林先生は、昭和三十八年、今から十八年前に亡くなってしまいました。生きてらしたら、もっともっと、いろんなこと、教えていただけるのに、と残念です。

そして、こうやって、書きだしてみますと、若いころは、ただ、楽しい思い出として残っていたトモエが、いまごろになって、

「ああ、小林先生は、こういうつもりだったんだ!」とか、

「先生は、こんなことまで考えていてくださったのか……。」とわかってきて、そのたびに、おどろき、感動し、ありがたく思えるのです。私のことでいえば、「君は、ほんとうはいい子なんだよ。」といい続けてくださった、この言葉が、どんなに、私の、これまでを支えてくれたか、計りしれません。もし、トモエに入ることがなく、小林先生にも会わなかったら、私は、おそらく、なにをしても、「悪い子」というレッテルをはられ、コンプレックスにとらわれ、どうしていいかわからないままの、大人になっていた、と思います。

トモエは、昭和二十年の東京大空襲のときに焼けました。ほんとうに、小林先生の私財で作った学校でした。ですから、再興には、時間が、かかりました。戦後、先生は、まず焼け跡で幼稚園を始め、同時に、国立音楽大学の保育科(現在の幼児教育科)を創るのに協力したり、また、国立音楽大学でリトミックを教え、ここに小学校ができるときも、手伝いました。でも、先生の夢、理想の、ご自分の小学校を再び作る前に、六十九歳で、亡く

なってしまったのでした。

昔、トモエのあった場所は、東横線の自由が丘の駅から歩いて三分、現在は、ピーコック・スーパーストアと、その駐車場になっています。この前、なつかしくて、まったく昔の面影のないことは、わかっていましたが、車で行って、いま駐車場になっているあたり……電車の教室や、運動場だったとこ……を見ようと徐行しました。そしたら、駐車場のおじさんが、私の車を見て、「満車！　満車！　ダメ！　ダメ!!」と、叫びました。私は、

「いいえ、私の小学校のことを考えていたんです。」といいたかったけど、そんなこと、だれにもわかっていただけることじゃないから、と、いそいで、そこを離れました。でも、なんだか急に悲しくなって、走り出した車の中で、涙がポロポロとこぼれたのでした。

日本にも、たくさんの、いい教育者のかたは、いらっしゃると思います。みなさん、理想も愛情も、夢も、お持ちと思いますが、それを実際のものとするのが、どんなにむずかしいか、私にも、よくわかります。小林先生にしても、このトモエ学園を始める前に、何年も何年も研究し、完全なものとして学校を始めたのが、昭和十二年。焼けたのが、二

十年ですから、ほんとうに短い期間でした。

でも、私のいたころが、先生にとって、もっとも情熱が強く、先生のやりたいことが花開いた瞬間だったようで、その点、幸福だと思っています。でも、戦争さえなければ、どんなにたくさんの生徒が、小林先生の手から世の中に出ていったか、と思うと、もったいない、と、悲しい気持ちです。

小林先生の教育方針は、この本にも書きましたが、つねに、

「どんな子も、生まれたときには、いい性質を持っている。それが大きくなる間に、いろいろな、まわりの環境とか、大人たちの影響で、スポイルされてしまう。だから、早く、この『いい性質』を見つけて、それをのばしていき、個性のある人間にしていこう。」

というのでした。

また、先生は、自然が好きでした。子どもたちの性格も、できるだけ自然であること、と考えてらしたようですが、実際の自然も好きで、末娘のミヨちゃんの話によると、小さいとき、いつも、

「自然の中のリズムを見つけよう。」

という先生に連れられて散歩に出かけたのだそうです。先生は、そういうとき、いつも、大きな木のところに行って、風があたったときの木の葉や、木の枝のゆれかた、そして、一つの枝を見ると、つぎは、その上の枝と、その葉っぱ。また、みきとの関係。風の強さと弱さで、葉っぱのゆれかたは、どんなに違うか……。そういうことを、じーっと観察し、風が吹かなければ、いつまでも、上をむいて、立っていた、ということでした。これは、木だけではなく、川でも同じことで、近くの多摩川に出かけては、川の流れを見て、あきることがなかったそうです。

それにしても、あの戦争中、こんな自由な小学校を、なぜ、文部省や、国が許したのか、と疑問をお持ちのかたも、いらっしゃると思います。くわしいことは、いまになっては、わかりませんが、確かなのは、なんといっても小林先生が、宣伝ぎらい、今でいうマスコミ嫌い、ということで、戦前でも、一度も、学校の写真を撮らせるとか、「変わった学校ですよ。」と宣伝することがありませんでした。そのおかげで、この小さい、全校生で五十人たらず、という小学校が、だれの目に触れることもなく、継続できたのではないでしょうか。

私たち、トモエの生徒だったみんなは、学年に関係なく、毎年、今でも、十一月三日＝あのすばらしい運動会だった思い出の日＝に、九品仏のお寺のお部屋を拝借して集まり、楽しい一日を過ごします。もう、みんな四十歳をすぎ、やがて五十歳になろう、という子どもづれが、「サッコちゃん。」とか、「大栄君！」とかいって、昔とかわらない、おつきあいをしているのです。これも、小林先生が、私たちに残してくださった贈りものです。

私が、前の小学校を退学になったのも、ほんとうのことで、私は、あまりおぼえていなかったのですが、チンドン屋さんのこととか、机のフタのことなどは、あとで母が話してくれたことでした。それでも私は、「ほんとうかなあ？　私は、そんなに、ひどい子だって思ってなかったけど。」と、内心で思っていました。ところが、今から五年くらい前に、テレビ朝日の「奈良和モーニングショウ」で、ご対面、というのがあり、「どなたか？」と思いましたら、その退学になった学校の、私と同じ一年生の、隣のクラスの受け持ちの女の先生が、おいでくださったのです。その先生の話をうかがって、私は、びっくりしました。その先生の話は、こうでした。

「徹子さんは、隣のクラスの生徒さんでした。授業中、私は職員室に用事があることがありいるんです。『先生、『私は、『先生はチンドン屋さん嫌い？』とか話しかけてくるので、こまってしまうんです。ですから、しまいには、職員室に用事があっても、戸を開けてみて、徹子さんが立たされていると、出るのをやめてしまいました。あなたの受け持ちの先生も、よく職員室で、私に、『どうして、ああなんでしょう。』と話してらっしゃいましたよ。そんなわけで、あなたが後年テレビにお出になったとき、すぐ、お名前でわかりました。あんな昔のことなのに、あなたの一年生のころのことは、はっきりと、おぼえていましたから……。」

（立たされていた？）私は、まったく自分でおぼえていなかったことなので、びっくりしましたが、同時に、朝早いテレビなのに出てきてくださった、白髪で優しそうな先生の若い姿と、廊下で立たされているのにもかかわらず、なお、「知りたがりのテツコちゃん」ぶりを発揮している自分の姿を想像し、おかしくもあり、同時に、やはり退学は、ほんとうだったのだ、と納得したのでした。

ここで私は、私の母に、心からの感謝を伝えたいと思います。それは、「退学になった」という事実を、私が二十歳すぎまで話さないでくれた、ということです。

二十歳を過ぎた、ある日、母が、

「あのとき、どうして小学校かわったか、知ってる？」と聞きました。私が、

「ううん？」というと、母は、「ほんとうは退学になったのよ。」と、軽い感じでいいました。

もし、あの一年生のとき、

「どうするの？ あなた、もう退学になっちゃって！ つぎの学校に入ったって、もし、また退学にでもなったら、もう行くところなんか、ありませんからね!!」

もし、こんなふうに母にいわれたとしたら、私は、どんなに、みじめな、オドオドした気持ちで、トモエの門を、あの初めての日に、くぐったことでしょう。そしたら、あの、根の生えた門も、電車の教室も、あんなに、楽しくは見えなかったにちがいありません。こういう母に育てられたことも私は幸せでした。

戦争中なので、あまりトモエの写真はありません。すこしあるなかでおもしろいのは、

卒業式の写真です。講堂の正面の階段のところで、たいがい卒業生は写真を写したのですが、「写真だ！　写真だ！」ということで卒業生が並ぶと、在校生もいっしょに写りたがって、あっちからも、こっちからも顔を出したので、できあがった写真は、だれがほんとうの卒業生かわからず、みんなで集まっては、「これは、だれのクラスの卒業のときのだ。」と、研究するありさまです。でも、小林先生は、そういうとき、なにもおっしゃいませんでした。卒業式という決まった写真より、みんなが生き生きと、自由に写っているほうがいい、と考えていらしたのでしょうか。そして、今になれば、これほど、トモエらしい写真はない、と思えます。

　トモエのことで書くことは、まだたくさんありました。でも、とにかく、こういう、トットちゃんみたいな女の子でも、まわりの大人のやりかたによって、なんとか、みんなとやっていける人間になれる、ということを知っていただけたら、と思っているのです。

　そして、もし、今でもトモエがあったら、「登校拒否する子なんて、一人もいないだろうな。」と考えます。だって、トモエでは、みんな学校が終わっても、放課後、家に帰りたくないぐらいだったんですから。そして、また、つぎの朝は、早く学校に行きたくて、待ちきれないくらいだったんです。トモエというのは、そういう学校でした。
このトモエで、私といっしょに電車の教室で、旅をした仲間が、その後どうなっているか、わかってることだけかんたんに書いておきます。

高橋君（高橋　彰）

運動会で、いつも一等だった高橋君は、小学校低学年の時の身長のまま、あの国学院久我山高校（ラグビーが強いのでも有名）に、みごと入学、それから、明治大学の電気工学部に進み、卒業しました。

現在は、浜名湖のそばにある、安藤電気株式会社の「調査役」。重要なポジションです。会社の中の人たちの和をはかること。そのためには、みんなの苦労や悩みを聞いて問題を解決する。人の苦労が、身をもってわかる高橋君だからこそ、うまくいくのでしょう。そしてまた、明るくて魅力的な高橋君の性格も大きな力になってると思います。そして、もう一つ、この会社のＩＣの大型機械というものを、うまく使いこなせるように、その技術を、後輩に指導する、という専門の仕事もあります。

この本を書くことになって、浜松に行き、高橋君と、それからトモエのことは、もうごしく、高橋君のよき理解者である奥様とお会いして、お話を聞きました。とにかく、高橋君は、「肉体的なハンディキャップによるコンプレックスを、ほんとうに持っていない。」と話してくれました。たしかにそうだと思います。もしコンプレックスがあったらこういう高校や大学や、まして、「人の和をはかる」というようなポジションにつくことは、とてもむずかしいと思います。「トモエに最初に行った日のこと」の高橋君の話も印象的でした。それは「ほかにも、自分のような子がいるのを見て安心した。」ということです。そんなわけで、トモエには最初の日から安心して行けて、それからは、もう毎日が楽しくて、一度だってズル休みなんてしたいと思わなかった。プールで裸になるのも、初めは恥ずかしかったけど、一枚ずつ洋服をぬぐたびに羞恥心も、一枚ずつ、はがれるようになくなっていき、人の前に出ることも、恥ずかしくもなんともなくなった。小林先生は、高橋君の背より、ずーっと高い飛び箱でも、「大丈夫！　君は、跳べるよ!!　絶対できるからね！」といって、最終的なところだけ手を貸してくれたけど、ほとんど、高橋君が跳んだようなふうに思わせ（いま思うと）、自信をつけてくれた。跳べたときの喜びは、たとえようもなかった。そして、うしろにひっこんでいると、前につまみ出されるから、積極的にならざるをえなかった。もちろん、あの運動会の晴れがましいうれしさは、今でもはっきりおぼえている……。

小学生のときと、ちっとも変わっていないキラキラ光る目と、思慮深い声で、高橋君は、つぎつぎと、こんなふうに、トモエでのこと、話してくれました。

おうちでの教育がよかったことも、高橋君の性格をますますすばらしくしたと思います。それにしても、目先のことじゃなく、何十年もの先を考えて私たちを育ててくださった小林先生。先生が私に「君は、ほんとうはいい子なんだよ。」といい続けてくださったと同じように、高橋君も、「君は絶対できるからね。」という先生の言葉でやってきたにちがいないんです。浜松で別れぎわに、高橋君は、私がまったくおぼえていなかったこと……トモエで高橋君が、校庭の外なんかでよく、よその学校の子にいじめられて、しょげて中に入ってくると、私が「どしたの？　どの子がやったの？」と聞くが早いか飛び出していって、しばらくするとまたもどってきて、「高橋君！　もう大丈夫だからね。」といった、ということ……を話してくれました。「あのとき、とてもうれしかったよ。」と、高橋君は別れるときに、もう一度、いってくれました。私は忘れてたことなんだけど。おぼえていてくれて、ありがとう。

ミヨちゃん（金子ミヨ）

校長先生の三女のミヨちゃんは、国立音楽大学の教育科を卒業。現在、国立音楽大学附属小学校の講師で、「音楽」を教えています。「小さい子を教えたい」という、小林先生と同じ考えを持って小さい子どもに接しています。小林先生は、このミヨちゃんが、三歳くらいになって、リズムに合わせて歩いたり、体を動かしたり、いろいろおしゃべりできるようになったりを、いろいろ参考にして、「子ども」と接してもいたようです。

サッコちゃん（松山朔子）結婚して（斎藤朔子）

初めての日、うさぎのジャンパースカートをはいた目の大きいサッコちゃんは、当時、女の子にとって、もっともむずかしい学校のひとつ、都立第六高女（現在の三田高校）に、らくらくパス。続いては、東京女子大の英文科に。卒業後は、お茶の水のYWCAの小学生の英語講師を。それは、いまも続いていて、とくに夏のキャンプなどでは、トモエでの経験を生かして大活躍。アルプスの穂高に登ったとき、めぐり合った現在の御主人と結婚。大学三年生の息子の母でもあります。ちなみに、息子さんの名前は、穂高を記念して保高といいます。

泰ちゃん（山内泰二）

私をお嫁さんにしてくれない、といった泰ちゃんは、いま日本を代表する物理学者となりました。アメリカに住んでいますが、いわゆる「頭脳流出」といわれる一人です。東京教育大学（現在の筑波大学）の理学部、物理学科を卒業。同大学院で修士号をとってから、フルブライト交換学生でアメリカに行き、五年後にロチェスター大学で博士号をとりました。そのまま大学に残って高エネルギー実験物理の研究を続け、現在、世界最大といわれる、アメリカのイリノイにある「フェルミ国立加速研究所」という、物理に関心のある人ならだれでも知っているものすごいところの、副所長をしています。なにしろ、ここはアメリカ中の五十三の大学から頭のいい人が集まって作った研究所で、物理学者が百四十五人、技術者スタッフ千四百人という巨大な研究所です。ここの副所長で、しかも物理部長も兼ねている、というのですから、泰ちゃんの天才的なところは、おわかりいただけると思います。この研究所は四年前に最大エネルギー五千億電子ボルトの運転に成功し、世界中の注目をあびたところでもあります。また泰ちゃんは、最近、コロンビア大学の教授と共同で、「ウプシロン」というものを発見し、人によっては、「ノーベル賞！」と思ったくらいでした。おそらく、将来ノーベル賞をとるのはまちがいない、と私は思っています。奥さまは、女性として、数学で優秀な成績でロチェスター大学を卒業した才媛です。

こういう物理と数学という優秀なご夫婦だけど、たまには、二人の息子さんもまじえて、家族でチェロ、ピアノ、ヴァイオリンといった、それぞれの得意な楽器で、家庭演奏会もする、といった芸術家族でもあります。

それにしても、もともと頭がよかった泰ちゃんなのだから、どこの小学校に行っても、現在のようになっていたかもしれません。でも、朝、学校に行くと「自分の好きな科目からやっていい。」というトモエ方式が、その才能を、もっとのばしたようにも思えるのです。だって、授業中の泰ちゃんといったら、いつもいつもアルコールランプやフラスコや試験管のそばにいるか、自分の席でむずかしそうな化学や物理の本を読んでる姿しか、私には、絶対に思い出せないんですから。

大栄君（大栄国雄）

私のおさげをひっぱって小林先生にしかられた子。でも、高橋君の「しっぽ」の件では、すばらしいニュースを私にくれました。
この大栄君は、現在、日本有数の「東洋蘭の目きき」です。話によると、東洋蘭というのには一株、数千万円もするのがあって、そのために、この「目きき」というのが必要なのだそうです。そして、販売も、培養もむずかしさをきわめているのですが、大栄君は、いつのまにか、そういうことを会得して、日本中を飛行機と汽車でとびまわっています。
この「あとがき」を書くために、旅先から、いま帰ったという大栄君を電話でつかまえました。
私「あなた、学校、どこだっけ?」
大栄君「どこも行ってないよ。」
私「行ってないって、じゃ、トモエでおしまい?」
大栄君「そう。」
私「え? 中学も行かなかったの?」
大栄君「ああ。疎開先の大分で、大分中学にすこし行ったけど……。」

まあ、なんて、のん気なこと。戦前は、等々力の大部分をしめる大きな園芸家「賛花園」の坊ちゃんだったけど、戦争でぜんぶ、焼けてしまった。でも、大栄君は、じつに、おおらかです。そのときの電話のつづき。

大栄君「そんなことよりさ、花のなかでいちばんいい香いの花って知ってる？　ぼくは、中国の『春蘭』だと思う。これほどの香りはね、どんな香水でも、かなわないんじゃないかな？」

私「春蘭て高いの？」

大栄君「うん、高いのも、安いのもあるさ。」

私「東洋蘭の花って、どんなの？」

大栄君「そうね。東洋蘭て、しぶい花なんだよ。でも、それが、いいんだね。」

トモエのころとまったく変わらない、のんびりとした大栄君の声を聞きながら、私は（大栄君は、中学中退でも、なんにも恥ずかしがっていない。自分で研究し、自分で開拓し、ほんとうに好きな仕事をやっているから、自信を持っているんだ。）と、感動したのでした。

天寺君（天寺和男）

動物好きの天寺君の小さいときの夢は、獣医さんになって、牧場を持つ、ということでした。でもとても残念なことに、お父さまが急に亡くなったために、その夢は捨てなくちゃならなくなり、日大の獣医畜産専門学校から、百八十度の転換をして、慶応病院につとめ、現在は、自衛隊の中央病院で、臨床検査という仕事に全力を注いでいます。

税所さん 結婚して（田中愛子）

東郷元帥が大叔父さまにあたる税所さんは、青山学院の小学部から、途中でトモエに入ってきました。〝おっとりとしたお嬢さん〟と、そのころ、私などは思っていたけど、このときすでに、満州事変で、陸軍の近衛三連隊の少佐だったお父さまを戦死で亡くしていたのでした。鎌倉高女を卒業後、いまの御主人の建築家と結婚。現在、長男は建設会社につとめていて、次男も就職が決まったというので、ほっとしたところ。お歌など作る生活。

「やはり税所敦子の血をひいているから？」と私が聞いたら、「いいえ、そんなこと。おほほほほ。」そこで、「謙遜と、おっとりはトモエのころのままね。」といったら、税所さんは、すぐにいいました。「弁慶やったころの体型は、そのままで、ございます！」暖かい家庭が想像できる声でした。

右田昭一君

葬式まんじゅうで有名だった右田君は、都立園芸を出たけど、やはり子どものころから好きだった絵の勉強をしようと、武蔵野美術大学のデザイン科に入りなおし卒業。現在、グラフィックデザインの会社を、友だちと作ってがんばっています。

青木恵子ちゃん　結婚して（桑原恵子）

空を飛ぶニワトリを飼っていた恵子ちゃんは、慶応義塾の幼稚舎の先生との結婚生活、なんと銀婚式を過ぎる！　すでに結婚したお嬢さんがいます。

このほか、あとで入ってきた同級生の、**坂本敏子さん**（現在、菅　敏子）香蘭女学校卒業後、メイ・牛山ハリウッド・ビューティサロンで、三番めの古参のヘアドレッサー。

渡辺義治君　神奈川大学卒業のあと、サラリーマンに。

小林宗作先生の略歴も書いておきます。

小林宗作（本名・金子宗作）

明治二十六年六月十八日、群馬県吾妻郡に生まれる。小さいときから音楽が好きで、榛名山の見える家の前の川のほとりで、いつも、指揮棒を振って遊んでいたという。六人兄姉の豊かではない農家の末っ子だったので、小学校を卒業すると、すぐ代用教員となり、検定試験で教員の免許をとる（小学校を出ただけで、検定試験が受かる、というのは、よほど優秀だったにちがいないと思います）。上京。牛込小学校の先生となるかたわら、音楽の勉強をし、念願だった東京音楽学校（今の東京芸術大学）の師範科に入学。卒業後、成蹊小学校の音楽教師になる。この学校の創立者、中村春二の教育方針が、小林先生に大きな影響をあたえる。中村春二はすばらしい人で、「教育は、どうしても小学校から、やらなければ！」という考えを持っていて、生徒の数は、絶対に一クラス多くても三十人。そして自由な教育、子どもの個性尊重に徹する教育方針を、うち出した。たとえば、勉強は午前中で終わり、午後は散歩とか、植物採集、写生、先生の話を聞く、歌をうたう、といったように、後年、トモエで小林先生が実行したような授業方法だった。

その成蹊時代の小林先生の教え子に、後にピアニストになった井上園子、野辺地瓜丸などがいた。

この学校で、小林先生は、生徒のために、子どものためのオペレッタを作った。それを、このユニークな学校の創立者でもあり、そのころ、山田耕筰など、数多くの芸術家を財政の面で援助していた、三菱財閥の岩崎小弥太男爵（エリザベス・サンダース・ホームの沢田美喜さん〈故人〉のお父様のいとこ）が見て感動し、ヨーロッパでの教育を視察するための費用を援助しよう、ということになった。ちょうどそのころ、音楽教育、児童教育に、いろいろ悩みを持っていた小林先生は、よろこんでこの申し出を受け、第一回のヨーロッパ留学に出発する。大正十二年、先生が三十歳のときでした。

それから「リトミック」の章で書いたように、世界中に大きな影響をあたえたダルクローズのパリの学校で直接ダルクローズから学び、そのほか、いろいろの学校などを見て歩き、二年後、日本に帰ってくる。帰るとすぐ、小林先生の幼児教育に全面的に共鳴した、小原国芳と、成城幼稚園を創る。のちに、小原先生は玉川学園を創り、小林先生は、トモエを創ることになるのですが。

この幼稚園で小林先生は、「子どもを先生の計画に、はめるな。自然の中に放り出しておけ。先生の計画より子どもの夢のほうが、ずっと大きい。」と、保育の先生にいいわたし、小林先生は、従来の幼稚園とまったくちがった幼稚園を、ここに創った。

昭和五年、小林先生は、二回めのヨーロッパに出発する。実際に教えてみて、もう一度、リトミックを勉強する必要があると思ったので、ダルクローズのところへふたたび。それから、いろいろ視察し、本格的に自分の学校を創ることを決め、一年後に帰国。

昭和十二年、トモエ幼稚園とトモエ学園（小学校）を創立する。日本リトミック協会も設立した。

小林先生を、「リトミックを日本に普及させた人」として知っている人、また研究している人は多いけど、子どもの教育の具体的な例を知っている人、となると、当時の私たちのほか、ほんの少しになりました。三年前、小原先生は亡くなりましたし、この本に出てくる丸山先生も、そして、先生と同じころダルクローズについて勉強した石井漠さんも、もう亡くなりました。

戦後の小林先生から教えを受けた人のなかには、「先生が無口の人だった。」という印象を持ってる人もいらっしゃるとうかがいました。トモエのころの、あの、よく話してくださった先生のことを思い出すと、戦後、先生は、いろいろ悲しいことが多かったのじゃないか、と、私も悲しくなるのです。そして、小林先生は、先にも書きましたが、トモエの焼けたあと、国立幼稚園の園長とか国立音楽大学の講師など、いろいろなさいましたが、自分流の、あのトモエのような小学校を創る前に、亡くなってしまったのです。空襲で焼けるトモエを見ながら、「今度は、どんな学校、創ろうか。」とおっしゃった先生の情熱が、再び、よみがえる前に。

これが、とてもかんたんですが、小林先生の略歴です。もっとくわしく書けば、東洋英和女学院、石井漠舞踊学校、都立保母学校、東京都保母養成所などの、講師も長いことなさったとか、いろいろあるのですが。トモエ幼稚園の卒業生のなかには、女優の池内淳子さんが、トモエ学園の私の先輩には、女優の津島恵子さんが、いらっしゃいます。

あとがきが長くなりましたが、小林先生を、もっと知っていただくために、つけ加えておきます。いま私が出演しているテレビ朝日の「徹子の部屋」のチーフプロデューサーは、佐野和彦さんといいますが、このかたは、芸大の楽理科を出て、テレビ局の仕事を始めると同時に、子どもに音楽を教えることも始めました。教えているうちに、いろいろな疑問が起こってきます。そんなとき、「小林宗作というすばらしい教育者がいた。」ということを聞き、その人が、どんなふうに教え、また、どんな人だったのかを、どうしても知りたくて、この十年間、国立の関係のかたとか、いろいろ話を聞き、ずいぶん、研究をしてきました。でも、どうしても具体的に、どういうふうに子どもに接したのか、ということになると、それは、わかりませんでした。おかしいことに、私は「徹子の部屋」の前にもワイドショーの司会を何年もしていまして、そのころから佐野さんとお知り合いになりましたから、かれこれ十年になります。でも、その間、私は、佐野さんが小林先生を調べてることは知らなかったし、佐野さんも、私が「すばらしい校長先生に育ててもらった」ということは知っていましたが、まさか、それが小林先生とは、夢にも思っていなかったんです。それが、この「トットちゃん」を書き始めたとき、突然わかって、佐野さんは、とび上がって、よろこびました。「こんな身近なところに、長い間、探していたことを知ってる人がいた……。」

佐野さんが小林先生のことを、ほんとうに調べよう、と思ったきっかけは、小林先生がリトミックを教えるときの子どものためにピアノの伴奏をした女の人に、会ったときでした。その女の人は、小林先生から、こういうふうにいわれたと、佐野さんにいいました。

「君、子どもは、そんなふうには歩かないんだよ。」つまり、子どもの呼吸が、わかっていない！　と、小林先生は注意したのです。このひとことで、佐野さんは、小林先生の研究を始めたのです。佐野さんの繊細な感覚とリサーチで、小林先生の、もっと、くわしいことがわかるといい、と、私は楽しみにしています。

出征した用務員さんの良ちゃんは、元気に帰ってきました。そして、今でも十一月三日には、必ず私たちといっしょに集まります。

「窓ぎわ」という題名にしたのは、これを書き始めたころ、「窓ぎわ族」という言葉が、流行しました。なんとなく疎外されている。もはや第一線ではない。そういう響きが、そこにありました。私はチンドン屋さんを待つために、いつも窓ぎわにいました。どことなく疎外感も、初めの学校では感じていました。そんなわけで、こういう題名にしたのです。トットちゃんについては、本文で説明しました。

この本ができ上がるまでのことですが、まず、この美しくかわいい絵の作者、いわさきちひろさんに感謝します。残念なことに、ちひろさんは、七年前にお亡くなりになりましろさんは、子どもの絵の天才でした。おそらく世界中でも、こんなに生き生きと子どもを描く画家は、いないと思います。子どもなら、どんなポーズでも、また、六か月の赤ちゃんと九か月の赤ちゃんを、ちひろさんは描きわけられたのです。いつも子どもの味方、子どもの幸福を願っていた、ちひろさんの絵を、このトモエの本を書くときに使わせていただきたい、これは、私の夢でした。それが実現して、こんなにうれしいことはありません。そして、あまり私の文章と、ちひろさんの絵が合っているために、「亡くなる前に、少し描いていらしたの？」とお思いのかたも、いらしたのです。つまり、それくらい、ちひろさんは、いろんな子ども、子どもらしい子どもを、お描きになっていたのでしょう。この「窓ぎわのトットちゃん」は、一冊にまとまるだけの分量を書きためる、ということは、とてもむずかしいので、わざと毎月、締め切りがくるように、ということで、講談社の「若い女性」に、一九七九年の二月から一九八〇年十二月まで二年間、連載したものを、まとめていただいたものです。そのために、毎月、練馬区下石神井の、いわさきちひろ絵本美術館（私も理事をしている）に通って、ここの副館長であるちひろさんの息子さんの松本猛さんと、奥さまの由理子さんに手伝っていただいて絵を選ぶ、ということになり、毎月、二年間は、たいへんでしたが、たくさんの原画を見られるチャンスでもあって、楽しいことでした。この若いお二人と、絵を使うことを、快くゆるして下さった、ちひろさんの御主人の松本善明さんにも、心からの感謝を、申しあげます。それから、この美術館の館長で、私に、「早く小学校のことと、校長先生のことを書いておきなさい！」と、グズグズしてる私を、早くから、はげましてくださった劇作家の、飯沢匡先生にも、感謝の気持ちを、お伝えします。

もちろん、ミヨちゃんをはじめ、トモエのみなさんの協力は、ほんとうに、ありがたかったです。

それから、二十年も前に、私が「婦人公論」に、ほんの短く書いたトモエの随筆を、いち早く見つけて、「一冊に書いてみませんか？」と、まだ、海のものとも山のものともわからない、若かった私のところに、二百字づめの原稿用紙をたくさんもって会いにきてくださった、講談社の加藤勝久さんにも、お礼をいいます。あのころ、学校のときの作文以外、あまり書いたことのなかった私に、加藤さんは、「自信」と、「いつかトモエのことを!!」という希望を、うえつけてくださいました。当時は精悍で、若い社員という感じの加藤さんでしたが、精悍さは変わらないけど、二十年ぶりにお会いしたら、いまは重役におなりでした。けっきょくそのときは、原稿用紙だけいただいて、ほかのことに使っちゃって！と、気になっていたのですが、二十年後、こういうはこびになって、とてもうれしいと思っています。

「若い女性」のときの担当だった長沢明さんも、二年間、毎月、ご苦労さまでした。

そして、「窓ぎわのトットちゃん」の連載の手はずと、このたび、一冊になるにあたって、「いい本にしましょうね！」とほんとうに力を入れてくださった講談社の岩本敬子さんに、「ありがとう」を申します。トモエのことを、とても、よく、わかってくださったかたと仕事をするのは、この上もなく幸福なことでした。

私が、これまで出した本、ぜんぶそうですが、この本の装丁もしてくださった和田誠さんも、親切な、お一人です。

こうして、やっと、「窓ぎわのトットちゃん」ができ上がりました。トモエは、もうないけれど、いま皆様に読んでいただいた間だけでも、トモエが、そこに昔のように、姿を現せるとしたら、こんなうれしいことはありません。ほんとうにありがとうございました。

一九八一年。——中学の卒業式に、先生に暴力をふるう子がいるといけない、ということで、警察官が学校に入る、というニュースのあった日。

（おわり）

＊著者紹介

黒柳徹子（くろやなぎてつこ）

1933年，東京に生まれる。東京音楽大学声楽科卒業。NHK放送劇団に入り，日本で初めての，テレビのために養成を受けた女優となる。連続ラジオ番組「ヤン坊ニン坊トン坊」でデビュー。テレビのほか，芝居，コンサートなど幅広いジャンルで活躍。第一回放送作家協会女優演技賞・NHK放送文化賞・テレビ大賞優秀個人賞など受賞。「窓ぎわのトットちゃん」がミリオンセラーとなり，「路傍の石文学賞」，ポーランド最高の文学賞「ヤヌシュ・コルチャック賞」などを受賞。その印税でトット基金を設立。1983年よりユニセフ（国連児童基金）親善大使となり，国際的にも活躍している。

＊画家紹介

いわさきちひろ

1918年，福井県武生に生まれる。東京府立第六高女卒業。1973年，「ことりのくるひ」（至光社）でボローニャ国際児童図書展グラフィック大賞を受賞。代表作に，「あめのひのおるすばん」（至光社），「戦火のなかの子どもたち」（岩崎書店），画集に「いわさきちひろ全集」（ほるぷ出版）などがある。1974年没。

本書の原画は，『いわさきちひろ絵本美術館』〈東京都練馬区下石神井4―7―2〉に保存されている。

講談社 青い鳥文庫　155-1

窓ぎわのトットちゃん

黒柳徹子

1991年6月15日　第1刷発行
2010年4月2日　第53刷発行

（定価はカバーに表示してあります。）

発行者　鈴木　哲

発行所　株式会社講談社

東京都文京区音羽2—12—21　郵便番号112—8001

電話　出版部（03）5395-3536
販売部（03）5395-3625
業務部（03）5395-3615

N.D.C. 916　358p　18cm

装　丁　久住和代

印　刷　図書印刷株式会社

製　本　図書印刷株式会社

ISBN4-06-147351-4

（落丁本・乱丁本は，購入書店名を明記のうえ，講談社業務部あてにお送りください。送料小社負担にておとりかえします。）

■この本についてのお問い合わせは，講談社児童局「青い鳥文庫」係にご連絡ください。

「講談社 青い鳥文庫」刊行のことば

太陽と水と土のめぐみをうけて、葉をしげらせ、花をさかせ、実をむすんでいる森。小鳥や、けものや、こん虫たちが、春・夏・秋・冬の生活のリズムに合わせてくらしている森。森には、かぎりない自然の力と、いのちのかがやきがあります。

本の世界も森と同じです。そこには、人間の理想や知恵、夢や楽しさがいっぱいつまっています。

本の森をおとずれると、チルチルとミチルが「青い鳥」を追い求めた旅で、さまざまな体験を得たように、みなさんも思いがけないすばらしい世界にめぐりあえて、心をゆたかにするにちがいありません。

「講談社 青い鳥文庫」は、七十年の歴史を持つ講談社が、一人でも多くの人のために、すぐれた作品をよりすぐり、安い定価でおおくりする本の森です。その一さつ一さつが、みなさんにとって、青い鳥であることをいのって出版していきます。この森が美しいみどりの葉をしげらせ、あざやかな花を開き、明日をになうみなさんの心のふるさととして、大きく育つよう、応援を願っています。

昭和五十五年十一月

講談社